Davide Frezzato

Cabina di regia
Visione su Caravaggio

Proscenio

Ancora una volta un libro dedicato a Caravaggio?
Non si è già detto abbastanza?

Verrebbe proprio da dire che si è detto anche troppo!

Oggi Caravaggio è uno degli artisti più amati nel panorama culturale italiano e recita il ruolo di uno dei personaggi principali nella cultura nazional-popolare. Eppure nella sua vita d'artista (ben più longeva di quella da essere umano) ha dovuto sopportare anche il difficile momento dell'oblio.

Ritrovarsi a parlare ancora una volta della sua Arte ha un grande valore. Michelangelo Merisi ha creato opere così ricche e cariche di significati che non ci si può permettere il lusso di circoscriverlo in un movimento artistico né le sue opere possono trovare una sola chiave di lettura. Molto è stato detto basandosi su preconcetti biografici e non osservando in silenzio le sue opere. Caravaggio ci parla, a volte con un flebile sussurro, e ci racconta sé stesso in tutto quello che ha fatto.

In queste pagine vorrei accompagnarvi alla scoperta dello spettacolo messo in scena dal Merisi; per questo eviterò più possibile di parlare di interpretazioni e opere di cui già si è detto molto, forse anche troppo. Il lavoro egregio di storici e critici che hanno offerto la loro guida nella conoscenza e comprensione delle sue tele, alcune volte però ha bisogno di una piccola virata. Il mito di Caravaggio deve essere rivisto, considerando il fatto che egli più che un pittore è stato un regista teatrale di grande talento, che ha immortalato sulle sue tele lo sforzo di attori (a volte amatoriali) impegnati nel recitare ruoli storici e religiosi.

Ecco perché ho pensato di scrivere questo libro nel rispetto della terminologia teatrale, quasi fosse un copione. Solo avvicinandosi alle sue opere con l'aspettativa del pubblico a teatro possiamo apprezzare in pieno alcune sue scelte compositive e capire meglio alcune chiavi di lettura che posso facilmente rimanere celate fra le pennellate del maestro lombardo.

Su alcuni aspetti della sua arte sarò essenzialmente in disaccordo con quanto detto sinora e a volte mi permetterò di prendere posizioni diametralmente opposte rispetto alla consueta interpretazione delle sue opere. Il dibattito dialettico, anche violento ma mai maleducato, è necessario affinché si possa continuare a creare e a far fluire linfa nuova nell'Arte e a offrire quelle forze contrastanti che portano alla creazione di opere uniche.

Credo sia arrivato il momento di metterci comodi nella nostra poltroncina un po' stretta rivestita di velluto rosso scuro, spegnere il cellulare e ricordarsi di russare a bassa voce: si sta alzando il sipario, lo spettacolo ha inizio.

Buona visione a tutti dalla cabina di regia.

ATTO PRIMO

Scena I:
Signore e signori, a voi il regista

Trovare un accordo tra chi consideri prioritaria la conoscenza della vita privata di un artista per poter capire la sua Arte e chi dica che la vita artistica e quella privata debbano essere divise e l'una non debba mai influire sulle considerazioni che si possano avere sul suo operato artistico è un'impresa quasi impossibile.

Gli addetti ai lavori nella Storia e Critica dell'Arte sono divisi in merito.

A volte sembra possibile trovare un accordo tra le due fazioni altre, invece, sembra una utopia irrealizzabile. Tra le pagine di questo libro vedremo come sia doveroso adottare entrambi i criteri, ovviamente in base ai casi che si presenteranno di volta in volta.

Il primo atto di questo spettacolo vede come protagonista la presentazione di Caravaggio, un uomo che ha fatto della Pittura il centro della sua esistenza.

La parola "spettacolo" ricorrerà spesso nelle pagine di questo libro; è una delle chiavi d'interpretazione che possono svelarci il mondo artistico di Caravaggio.

Non è facile intraprendere un nuovo percorso legato alla conoscenza e all'interpretazione delle opere di un artista. Lo sforzo che ci viene chiesto è quello di uscire dagli schemi ormai consolidati della letteratura critica per non guardare troppo al passato ma proiettarci in avanti!

Per usare un'immagine da alpinista, dobbiamo uscire dal sentiero tracciato e percorrerne uno nuovo, un po' più impervio e impegnativo ma che offrirà una vista spettacolare sul panorama artistico di Caravaggio.

Ma veniamo alla chiave di lettura: "spettacolo".

Essa è alle origini della parola teatro. Ancora una volta, per entrare meglio nell'argomento abbiamo bisogno di ricorrere al greco: θέατρον (théatron), che significa appunto "spettacolo". Un aspetto che non può essere trascurato è che la stessa radice la troviamo anche nel verbo greco θεαομαι (theàomai), che vuol dire "vedere".

Queste due parole sono la descrizione più concisa e veritiera di tutta l'opera caravaggesca. La sua Arte è, a tutti gli effetti, uno spettacolo e la sua visione personale della realtà e dei temi salienti della Vita.

Se iniziassimo ad osservare le opere di Caravaggio attraverso il filtro di queste chiavi di lettura, molti aspetti apparentemente incomprensibili delle sue opere diventerebbero comprensibili.

Ecco perché dobbiamo sforzarci di osservare le sue tele con una sensibilità diversa da quella a cui siamo abituati.

Per far tutto ciò, non nascondiamocelo, viene richiesto un atto di coraggio non indifferente. Mettere in discussione gli studi del passato può mettere a disagio. Però, se ci pensiamo bene, l'evoluzione umana progredisce mettendosi sempre in discussione e creando disagio.

Perché non tentare?

D'altronde non sappiamo cosa ci aspetti, potremmo percorrere un vicolo cieco o magari no. In entrambi i casi, non mancheranno delle sorprese, questo è poco ma sicuro.

Scena II:
Il mistero di un nome

Prima di iniziare a parlare in libertà di Michelangelo Merisi, dobbiamo chiarire un aspetto importante legato al suo nome. Ai più, anche tra letterati o presunti tali, rimangono poco chiare le motivazioni che lo portarono a scegliere il suo nome d'arte: Caravaggio.

Nell'Arte solo i più grandi possono permettersi il lusso di essere ricordati con il proprio nome di battesimo. Se pensiamo alle menti più fini del panorama intellettuale italiano non possiamo non ricordare Leonardo, Dante, Michelangelo e il primo grande raccomandato della Storia dell'Arte che è stato

Raffaello (scusate se ho lasciato cadere così una stoccata contro il povero Sanzio, magari avrò modo in altre sedi di spiegarmi più profusamente).

Tutti questi grandi personaggi sono universalmente conosciuti con il solo nome di battesimo, dal momento che sono i più degni d'importanza ad aver portato quel nome nella Storia dell'Umanità.

Al povero Michelangelo Merisi è toccato portare il nome di quel Michelangelo Buonarroti che per tutti noi è, più semplicemente, Michelangelo. Indiscutibilmente, la figura di Michelangelo è una chiave di volta nello sviluppo artistico non solo italiano ma europeo. Davanti a così tanta importanza ed unicità, il suo omonimo lombardo non poteva che optare per un nome d'arte, dal momento che non solo sarebbe stato impossibile superare l'importanza del maestro fiorentino ma sarebbe stato improbabile (e così è stato) eguagliarne la grandezza.

Così, la scelta cadde su un piccolo paesino vicino a Bergamo: Caravaggio, appunto.

E fu così che iniziarono i problemi dovuti ad una serie infinita di illazioni basate su una grande inesattezza, errori che sono continuati fino a quando Vittorio Pirami (ex dirigente Fininvest) durante una ricerca amatoriale sui pittori che hanno lavorato nella città di Milano diede spazio alla verità. Nella sua ricerca presso l'Archivio Diocesano, Pirami si imbatte in un documento conservato in condizioni pessime, tanto che per poterlo leggere è costretto ad utilizzare una lampada di Wood; più conosciuta come lampada UV (proprio quella che si usa nei film per rilevare le tracce organiche sulla scena di un delitto).

Dopo la lettura avventurosa di questo documento, si è scoperta una informazione scomoda, sin da subito osteggiata da chi rappresenta la cittadina bergamasca, che ha fatto del pittore un vero e proprio prodotto tipico.

Il documento attesterebbe, infatti, la nascita di Michelangelo Merisi nella parrocchia di Santo Stefano a Milano, battezzato nella chiesa meneghina di Santo Stefano in Brolo il 30 settembre 1571. Tale documento non è certo un fulmine a ciel sereno; già il noto Roberto Longhi (importante storico dell'Arte nato ad Alba nel 1890 e morto a Firenze nel 1970) aveva infatti ipotizzato che Michelangelo Merisi non fosse nato nella bergamasca Caravaggio ma fosse nativo della capitale lombarda.

Per il Longhi il nome potrebbe essere significativo anche per ricostruire la data di nascita del piccolo Michelangelo, probabilmente venuto alla luce il 29 settembre in occasione della ricorrenza di San Michele Arcangelo.

Il testo del documento recita:

«*Adi 30 fu batz.o [battezzato] Michel angelo f[ilio] de d[omino] Fermo Merixio et d[omina] Lutia de Oratoribus/ compare d[omino] Fran[cesco] Sessa*».

Tutto sembrerebbe coincidere ma, ovviamente, nel paese di Caravaggio non tutti sono d'accordo. Il sindaco Ettore Pirovano all'epoca della pubblicazione del documento, contesta i dati dicendo che Michelangelo Merisi ha sempre dichiarato di essere nativo di Caravaggio. Come se le parole di un artista valessero quanto un documento. È risaputo che la biografia di un artista (spesso anche l'autobiografia) è elaborata a puntino per necessità o puro piacere; tutti coloro che si mettono sulla difensiva in merito non possono non tener conto di una possibile necessità da parte di Caravaggio di "cambiare" la sua storia personale.

Ciò che rimane indiscusso è un documento universalmente riconosciuto e conservato nel dubbio paese natale: il certificato di matrimonio dei genitori. Entrambi i genitori sono nati a Caravaggio ed erano parte dell'alta società. Non dobbiamo dimenticare che il loro testimone di nozze è stato il Marchese di Caravaggio e conte di Galliate: Francesco I Sforza. Viene da chiedersi se l'affetto per la famiglia d'origine (o la possibilità di poter sfruttare una condizione agevolata data l'estrazione sociale dei genitori) lo abbia portato a compiere la stessa scelta di un altro illustre lombardo: il meno noto Pietro Martire d'Anghiera. Storico che per primo scrisse una relazione sul Nuovo Mondo e si impegnò affinché nel nostro Continente si diffondesse l'uso del mais. Nato ad Arona, sulla sponda piemontese del Lago Maggiore, decise di farsi riconoscere come originario di Angera, città dirimpettaia sulla sponda lombarda, in onore delle origini dei genitori. Un caso più noto è quello di Carlo Lorenzini che scelse il nome del paese natale della madre per firmare una delle opere letterarie più conosciute al mondo: Pinocchio, firmata come Carlo Collodi.

Credo, che gli abitanti del paese tanto affezionato al Caravaggio (per ovvi motivi) debbano accettare questa possibilità, che più che altro è una certezza.

Noterete che spesso mi prenderò la libertà di rivolgermi a Caravaggio con il suo nome di battesimo data la profonda amicizia che mi lega a lui dopo tanti anni passati in sua piacevole compagnia.

Dedicarsi allo studio di un artista vuol dire parlare con lui, discutere (a volte anche molto animatamente) sulle sue scelte, litigare e sedersi ad un tavolo per bere qualcosa in compagnia.

Chi crea un'opera d'Arte riesce a superare la barriera del Tempo e dello Spazio ed è sempre presente di fianco alla sua opera. Con Michelangelo le chiacchierate sono sempre molte, superate in numero solo dalle piacevoli litigate in amicizia, che si sono sempre risolte con un brindisi alla rispettiva salute.

Credo molto in questo approccio nei riguardi dell'Arte e degli artisti; un'opera d'arte non è un ricordo della tecnica o della profondità artistica di un grande che ormai è trapassato ma un dialogo tra persone viventi, tra sensibilità vive e vegete.

Una promessa: qualora dovessi chiamare in causa Michelangelo, il Buonarroti, sarà mia premura nominarlo a dovere, in modo da non creare un'inutile confusione.

Scena III:
Un artista di carattere

La formazione di un artista, intesa come studi e prime esperienze lavorative, è indispensabile per poter leggere le sue opere. Ovviamente, è importante anche il contesto familiare nel quale il futuro artista muove i primi passi, quelli veri e non obbligatoriamente quelli artistici.

Abbiamo già visto nel capitolo precedente che la famiglia di Caravaggio poteva contare su appoggi molti influenti politicamente. I dati relativi alle abitudini e al quotidiano della famiglia Merisi non sono molti, purtroppo; alcune delle informazioni in nostro possesso sono ricostruite e altre, addirittura, sono congetture di studiosi.

Ciò che è certo, invece, è che il padre di Michelangelo si trasferì a Milano per lavoro e portò con sé la moglie con la quale si era sposato il 14 gennaio 1571. Lo spostamento nella grande città fu dovuto al fatto, molto probabilmente, che il testimone/protettore della coppia era riuscito a trovare un impiego per Fermo (questo era il nome del padre di Caravaggio) nella Fabbrica del Duomo. Nello stesso mese in cui fu celebrato il matrimonio fu concepito il pittore che diventerà il vanto (anche se osteggiato in vita) della pittura lombarda e italiana. Questi sono gli eventi biografici che fecero sì che il piccolo nacque a Milano.

Un altro dato certo, purtroppo, è il ruolo giocato dalla malattia nella vita di Caravaggio.

La peste di Milano lo renderà orfano di padre. Curiosamente, questo flagello che per secoli afflisse l'Europa diventò anche l'elemento che lega tre delle figure più influenti della cultura lombarda: Caravaggio, Manzoni e il cardinal Federico Borromeo.

Nel 1577 la famiglia di Fermo da Caravaggio ritornò al paese di origine per poter scappare dalla peste che aveva preso il controllo della capitale lombarda. Il padre però contrasse la malattia e morì in breve tempo, insieme al nonno Bernardino e allo zio Pietro. L'epidemia non si affievolì rapidamente e durò per circa 13 anni.

Il giovane Michelangelo, appena fu possibile, fece ritorno a Milano e iniziò a lavorare nella bottega di Simone Peterzano.

Costui è stato un pittore manierista attivo nell'epoca della Controriforma. Lo stile artistico del maestro di bottega e questo momento storico sono estremamente importanti nella formazione di Caravaggio perché influenzeranno fortemente il suo modo di intendere la Pittura.

Il Manierismo è la teatralità pura della Pittura. Degno discendente dell'esuberanza del Barocco, imprime alle figure umane l'esagerazione dei sentimenti. Lo stupore, il dolore e l'allegria vengono accentuati dando un'impressione quasi caricaturale. Un po' come i bravi attori di teatro impegnati in uno sforzo a volte molto pesante per far sì che anche il pubblico in fondo alla sala sia raggiunto dalla mimica e dall'espressione teatrale; aspetto che sta mutando nel Teatro a noi contemporaneo, dove si predilige la naturalità della recitazione.

Come vedremo l'aspetto della teatralità è così forte nell'Arte di Caravaggio da poter quasi essere definito egli stesso il Teatro.

La Controriforma, nata prevalentemente come risposta politica ad una necessità religiosa, ha rappresentato un punto di svolta nei costumi e nella cultura. Dal giro di vite di San Carlo Borromeo nei confronti delle abitudini un po' troppo libertine del clero all'uso eccessivo del colore, la Controriforma ha rappresentato un cambiamento abissale. Cambiamento che ha portato, tra l'altro, alla nascita di quella che sarà la vera firma di Caravaggio: il nero.

Nella bottega di Peterzano, Caravaggio respirava queste idee e la sua Arte si formò su di esse. Anche attorno alla figura del maestro della bottega le informazioni non sono sempre certe; egli stesso si è firmato in alcune opere come il maestro di Tiziano. Un tentativo simpatico di darsi più importanza di quella che magari si meritava ed è curioso pensare che in quel momento era il maestro di un futuro grande nome dell'Arte italiana e non lo sapeva.

La scuola presso Peterzano durò ben quattro anni. Nella bottega del maestro, Caravaggio imparò molto bene la lezione dei grandi artisti della scuola lombarda e di quella veneta; lezioni che di lì a poco avrebbe stravolto con il suo stile personale.

Interessante è quanto scrive Giulio Mancini, uno dei biografi di Caravaggio vissuto tra il 1558 e il 1630:

«Studiò in fanciullezza per quattro o cinque anni in Milano, con diligenza ancorché di quando in quando facesse qualche stravaganza causata da quel calore e spirito così grande».

Sin da giovane, il carattere di Caravaggio fu difficile da gestire, sia a causa del suo lato irascibile e animato sia dello spirito innovatore e poco adatto a seguire le regole accademiche. Molte delle sue opere devono essere lette alla luce della sua forte personalità; solo così si potranno capire alcune scelte avventante e decisamente poco ortodosse.

Il contratto che la madre firmò con Peterzano terminò nel 1588. Fino al 1592 Caravaggio rimase in Lombardia ma non abbiamo una documentazione sufficiente per poter ricostruire le sue attività in questi anni. Sulla base della ricostruzione di Giulio Mancini, la madre di Caravaggio morì a Milano il 29 novembre 1590; la data è ricostruibile grazie ai documenti relativi alla spartizione dell'eredità della donna.

Verso la metà del 1592 Caravaggio lasciò la Lombardia e si recò a Roma. Secondo i documenti conservati presso l'Archivio di Stato di Roma sappiamo che fino al 1496, Caravaggio è stato uno spirito molto inquieto. Non è riuscito a rimanere in pianta stabile nella Città Eterna ma ha continuato a spostarsi.

Ben più affascinante è la teoria di Giovan Pietro Bellori (storico dell'Arte e scrittore nato e vissuto a Roma tra il 1613 e il 1696). Nelle sue opere il giovane Merisi è descritto come un giovane pittore

«*d'ingegno torbido e contentioso*».

A causa di non ben definite

«*discordie*»

pare che Caravaggio abbia dovuto lasciare Milano e che sia così giunto

«*in Venetia ove si compiacque tanto del colorito di Giorgione, che se lo propose per iscorta nell'imitatione*».

Di Venezia ne parla anche il Bellori nella sua biografia. Egli però vuole che il viaggio sia stato compiuto insieme al

Peterzano e che sia stato molto breve. Questa versione dei fatti è ancora molto dibattuta tra gli storici dell'Arte perché purtroppo non è supportata da alcun tipo di documento.

Indubbiamente l'Arte di Caravaggio deve molto alla Scuola Veneta; il suo stile è fortemente legato a quello di Giorgione, Tiziano e Tintoretto. Il fatto che il Merisi potesse conoscere in profondità questa sensibilità artistica è anche storicamente spiegabile: i confini geografici della Serenissima arrivavano fino a Bergamo.

Roberto Longhi attribuisce una forte influenza nell'Arte di Caravaggio anche ai maestri lombardi -soprattutto quelli della zona bresciana- tra i nomi più importanti cita Foppa, Bergognone, Savoldo, Moretto e Romanino.

Seppur scarsi, i dati sulla formazione di Caravaggio ci offrono un'importante chiave di lettura per osservare le sue belle opere dalla forza a volte disturbante.

Caravaggio si confronta con nomi di alto calibro per quanto riguarda la Scuola Veneta, che in questo periodo ha raggiunto un livello artistico molto alto. Contemporaneamente, la Lombardia è una terra che riceve influssi dall'estero (Firenze era la capitale di uno stato estero all'epoca, non dimentichiamolo) ed è un crocevia interessante dove pare essere difficile affermarsi. L'inquietudine di Caravaggio lo porterà a trasferirsi per poter osare sempre più, per poter diventare qualcuno.

I suoi quadri non sono mai troppo fedeli al soggetto rappresentato; sono da guardare come un'immagine interiore della mente e della personalità di Caravaggio e del suo mondo, fatto di mondanità e di limiti da superare, anche andando contro il tranquillo senso comune.

Non vi è pennellata di Caravaggio che non possa essere letta come un inno all'estasi. Tutto è tensione e vita, sangue e corporeità. Tutto, nella sua Arte, ci parla della perpetua lotta interna che anima lo spirito di Caravaggio sin dalla sua più tenera età.

Non un folle, non un violento (come troppi storici l'hanno descritto per facilità) ma un inquieto che non può accettare le regole dell'accademia senza contestarle; che non può accettare i dogmi perché bloccano l'umana capacità di capire e di rappresentare.

Questo carattere così forte anima le opere di Caravaggio che, forse più di chiunque altro, è riuscito ad infondere la vita nell'Arte.

La sua stessa vita e visione del mondo.

Scena IV:
Ai margini del centro della società

Di solito siamo portati ad associare la figura di Caravaggio con le bettole fumose e cupe, frequentate da persone che vivevano ai margini della società.
Ciò non si allontana molto dalla realtà. A Caravaggio piaceva molto frequentare quel mondo, e l'ha anche usato come scenografia per molte sue scene, anche religiose.

Il suo è il profilo tipico per un probabile assassino, un violento, frequentatore di prostitute e amico di malviventi. In poche parole un reietto della società che tra una coltellata e l'altra trovava il tempo anche di dipingere.

Ma era davvero così Caravaggio?

Non credo proprio. O meglio, non completamente.

Indubbiamente, Caravaggio aveva un carattere molto forte ed irascibile, che sfociava in episodi di violenza. Ciò lo possiamo notare anche dalla sua grafia, che è stata analizzata dalla dottoressa Evi Crotti, dando conferma di quanto si sapeva.

Oltre alla sua incapacità di gestire la collera, sono emersi particolari interessanti. Secondo lo studio della dottoressa Crotti, la particolare conformazione della "M" maiuscola e il legamento "ch", oltre alla presenza delle lettere spigolose, denotano una certa ostentazione e anche una spiccata creatività. Di una certa rilevanza è la fluidità del tratto (nonostante le molte macchie che lasciava sulla carta) che mette in luce la sua tendenza a non riuscire ad aspettare; una personalità perennemente accompagnata dall'ansia.

Una persona con un carattere simile, non è una facile compagnia e per questo lo si teneva più lontano possibile dalle corti sfarzose, che erano tranquillamente frequentate da personaggi come Raffaello e dove neanche Michelangelo Buonarroti si trovava molto a suo agio.

Eppure Caravaggio frequentava anche la "società bene" della capitale e non solo.

In particolare, era amico del cardinal Francesco Maria del Monte che aveva conosciuto nel 1597 e che divenne un vero e proprio angelo custode per Caravaggio. Oltre ad avergli comprato alcuni quadri -tra i quali anche i famosi bari- fece anche molto di più: lo prese a servizio a casa sua per circa tre anni.

Anche secondo Bellori, il cardinal del Monte è in parte responsabile della sua ascesa sociale ed artistica, infatti egli

«ridusse in buono stato Michele e lo sollevò dandogli luogo onorato in casa fra i gentiluomini».

È proprio grazie a quest'amicizia così influente che Caravaggio si trova al centro dei salotti dell'alta nobiltà romana.
Questa sua scalata sociale è facile da vedere anche nelle tele dipinte. Agli inizi, infatti, non abbiamo tele di grandi dimensioni e il suo stile pittorico era prevalentemente mirato alla realizzazione di piccoli ritratti -non a figura intera, ovviamente- e le tematiche erano abbastanza semplici.
Ora, grazie alle commissioni del suo influente protettore, le tele si fanno ben più grandi e i temi dipinti sono sempre più complessi. Le tele si affollano con un numero sempre maggiore di personaggi -il "Riposo durante la fuga in Egitto", per intenderci, è stato realizzato in questo periodo- e non offrono più una lettura immediata e semplificata. Tutto ciò fece crescere in modo esponenziale la sua fama fino a farlo diventare addirittura un mito vivente.
Caravaggio, come vedremo anche in alcune delle sue opere, era un eccentrico e nonostante il nuovo *status* sociale raggiunto, continuò a bazzicare nei bassi fondi. Ma non possiamo relegarlo solo nelle taverne nel nostro immaginario.
Le amicizie influenti non sono mai mancate nella vita di Caravaggio. Non dimentichiamo che nonostante i suoi guai con

la legge, Michelangelo fu aiutato dalla nobiltà e dal potente ordine dei Cavalieri di Malta per sfuggire dalla durissima condanna inflittagli -più che altro per motivi politici- a seguito dell'omicidio di Ranuccio Tommasoni da Terni: la decapitazione che poteva essere eseguita da chiunque lo avesse anche solo incontrato per strada.

Tra le sue importanti amicizie dobbiamo ricordare l'ambasciatore di Francia, che lo aveva preso direttamente sotto la sua protezione personale. Questa amicizia fu molto pericolosa per Caravaggio; infatti, quando uccise Ranuccio -che apparteneva ad una famiglia filo-spagnola- la sua condanna fu aggravata a causa della sua vicinanza al mondo francese.

A seguito della condanna non fu più possibile per Caravaggio vivere nella Capitale. Decise così di scappare, impresa non facile ma con le giuste amicizie non impossibile, ovviamente.

Grazie all'aiuto del principe Filippo I Colonna (famiglia talmente importante e conosciuta da non aver bisogno di presentazioni), Caravaggio riesce a trovare un rifugio e a nascondersi. Il principe, infatti, lo ospita in uno dei suoi feudi romani -il territorio sotto il suo dominio si espandeva tra Marino, Palestrina, Zagarolo e Paliano.

La fuga di Caravaggio fu un'orchestrazione perfetta tra diversi membri della famiglia Colonna -tutti diretti da Filippo I- che testimoniarono il falso segnalando la presenza di Caravaggio in città dove non era mai stato. In breve tempo si persero le sue tracce, permettendogli così di raggiungere i quartieri spagnoli di Napoli, città in cui risiedeva un ramo della famiglia Colonna: i Carafa-Colonna.

Nella città partenopea Caravaggio vive un periodo molto felice, nonostante la pena di morte che incombe sulla sua testa. In questo periodo lavora molto e una sua tela finisce anche nelle Fiandre.

Sempre grazie all'intercessione dei potenti Colonna, Caravaggio riesce a raggiungere Malta dove non solo si mette in contatto con il prestigioso ordine dei Cavalieri di Malta ma diventerà anche novizio e sarà insignito del titolo di "cavaliere di grazia", titolo che si poteva conseguire dopo un anno di noviziato. Per poi essere misteriosamente messo in reclusione e di conseguenza allontanato.

Possibile che il potente ordine non sapesse nulla della sua condanna a morte? È un po' difficile da credere.

La verità potrebbe celarsi -ancora una volta- dietro al suo pessimo carattere. Pare, infatti, che Caravaggio litigò molto duramente con un cavaliere di rango superiore al suo e di conseguenza lo espulsero con disonore.

È ben probabile che la lite non sia scoppiata a seguito della scoperta dei misfatti passati di Caravaggio e della sua condanna a morte. Invidia, gelosia o risentimento potrebbero aver portato i due a litigare e ad una conseguente gogna sociale, che ovviamente è ricaduta ancora una volta su chi ha sempre mostrato il suo lato indomabile e violento.

Tra varie peripezie, Caravaggio sbarca in Sicilia dove trova rifugio da Mario Minniti, un suo amico di vecchia data e anch'egli pittore. Ovviamente, le commissioni importanti -anche da parte dei Doria- non tardano ad arrivare.

Il ritorno a Napoli è quasi un obbligo, dal momento che con i Colonna ha un debito difficile da saldare e la marchesa Costanza gli apre le porte del suo palazzo a Cellammare.

I contatti di Caravaggio gli permettono di arrivare al Papa -non dobbiamo dimenticare che i Colonna giungeranno anche a ricoprire il ruolo di successori di Pietro- per chiedere il condono papale della condanna.

D'altronde lo sappiamo benissimo, l'Italia è sì la patria di santi, ladri e navigatori… ma anche di condoni di ogni tipo.

E la libertà, ovviamente ha un prezzo, che Caravaggio contratta con il cardinale Scipione Borghese: delle tele (ovviamente). Come nelle migliori saghe, il carico si perde e offre a Caravaggio un'imbarcazione per poterlo recuperare sono gli Orsini, una delle più antiche famiglie principesche e papali di Roma.

Finalmente, dopo un così estenuante lavoro di diplomazia e di acquisto di piaceri, è tutto pronto. Versato l'obolo, arriverà la grazia papale.

E avviene l'imprevedibile.

La morte busserà alla porta dell'uomo più irascibile e diplomatico che si possa conoscere e vanificherà tutto.

È ben chiaro, che non possiamo continuare a pensare a Caravaggio come un reietto frequentatore di taverne e prostitute. Tutti questi contatti, tutti questi favori presuppongono, ovviamente, una serie infinita di scambi di favori e regali -prevalentemente opere d'arte- ma anche una certa frequentazione. Non dimentichiamo, inoltre, che troppo spesso ci si dimentica che le origini di Caravaggio non sono propriamente umili e "normali".

Un nobile sopra le righe. Ecco chi era il nostro Caravaggio.

Scena V:
Una lunga scia di violenza

Che il nostro Caravaggio non fosse uno stinco di santo, non abbiamo certo bisogno di raccontarcelo.

È curioso, a dire il vero, vedere quale fosse realmente la condizione della fedina penale del nostro pittore.

Vi posso anticipare che tra reati minori e quelli più seri, la sua situazione farebbe invidia ad un professionista del crimine, anche se non sappiamo molto delle sue avventure manesche a Milano. Abbiamo visto nei capitoli precedenti che sin da giovane ha mostrato un carattere che si scaldava molto facilmente. Attendibili o meno, le considerazioni di Bellori, secondo le quali di sicuro anche a Milano si era fatto conoscere per la sua scarsa mitezza, non sembrano tanto astruse.

Con l'arrivo a Roma, in un ambiente estraneo al protettorato milanese garantito in parte dal suo cognome, Caravaggio non tarda molto a farsi un nome tra i maneschi.

Il primo episodio avviene nella prestigiosa dimora del cardinal Del Monte il 28 novembre 1600. Qui si trovava anche un nobile prelato, ospite del cardinale, che rispondeva al nome di Girolamo Stampa da Montepulciano, che venne letteralmente preso a bastonate da Caravaggio. Non sappiamo bene cosa scatenò questo violento litigio tra i due; certo è che non abbiamo molta difficoltà ad immaginarci il nostro caro Caravaggio in una situazione simile. Ovviamente il nobile prelato bastonato denunciò il pittore.

Nelle carceri di Tor di Nona la presenza di Caravaggio era considerata la normalità. A causa di molteplici accuse fu spesso arrestato e condotto qui in manette; tra le cause ci furono un numero sempre maggiore di denunce per risse, violenza e schiamazzi.

Tutto sommato, è stato un artista maledetto *ante litteram*, gli mancava solo il famoso assenzio e sarebbe stato perfetto seduto ad un bar parigino del XIX secolo.

Uscì qualche mese dopo -nel 1601- dal carcere e si dedicò con un po' più di tranquillità alla Pittura.

Anche se i problemi con la legge non tardarono molto a tornare.

Nel 1603, infatti, fu nuovamente condannato. Questa volta il reato contestatogli era la diffamazione. Giovanni Baglione - un pittore romano nato nel 1573 e morto nel 1643- non gradì per nulla alcune rime che Caravaggio aveva scritto in compagnia dei suoi seguaci Orazio Gentileschi -papà poco simpatico della più famosa Artemisia- e Onorio Longhi.

Presso l'Archivio di Stato di Roma sono conservati non solo i documenti sequestrati inerenti alla querela ma anche le testimonianze dei tre pittori che furono querelati dal povero Baglione; un pittore che, diciamola tutta, viene ricordato più che altro per la querela e non tanto per la sua Arte.

Come vedremo, le rime scritte dai tre artisti sono decisamente goliardiche, quasi da studenti universitari che si scagliano contro una povera matricola.

Il magistrato, nel corso del processo, raccoglie la deposizione di Caravaggio, che in alcuni momenti è una vera e propria disquisizione relativa alla sua idea di Arte:

«Quella parola, valent'huomo, appresso di me vuol dire che sappi far bene, cioè sappi far bene dell'arte sua, così un pittore valent'huomo, che sappi depinger bene et imitar bene le cose naturali».

Inoltre, raccoglie anche le sue critiche verso quelli che non riesce a definire pittori:

«Li valent'huomini sono quelli che si intendono della pittura et giudicaranno buoni pittori quelli che ho giudicato io buoni et cattivi; ma quelli che sono cattivi

pittori et ignoranti giudicaranno per buoni pittori
gl'ignoranti come sono loro».

Torniamo, ora, ai due testi incriminati:

«*Gioan Bagaglia tu non sai un ah*
le tue pitture sono pituresse
volo vedere con esse
che non guadagnarai
mai una patacca
che di cotanto panno
da farti un paro di bragesse
che ad ognun mostrarai
quel che fa la cacca
porta là adunque
i tuoi desegni e cartoni
che tu ai fatto a Andrea pizicarolo
veramente forbetene il culo
alla moglie di Mao turegli la potta
che [...] con quel suo cazzon
da mulo più non la fotte
perdonami dipintore se io non ti adulo
che della collana che tu porti indegno sei
et della pittura vituperio».

Il secondo, invece, recita:

«Gian Coglion senza dubio dir si puole
quel che biasimar si mette altrui
che può cento anni esser mastro di lui.
Nella pittura intendo la mia prole
poi che pittor si vol chiamar colui
che non può star per macinar con lui.
I color non ha mastro nel numero
si sfaciatamente nominar si vole
si sa pur il proverbio che si dice
che chi lodar si vole si maledice.
Io non son uso lavarmi la bocca
né meno di inalzar quel che non merta
come fa l'idol suo che è cosa certa.
Se io mettermi volesse a ragionar
delle scaure fatte da questui
non bastarian interi un mese o dui.
Vieni un po' qua tu ch'e vò' biasimare
l'altrui pitture et sai pur che le tue
si stano in casa tua a' chiodi ancora
vergognandoti tu mostrarle fuora.
Infatti i' vo' l'impresa abandonare
che sento che mi abonda tal materia
massime s'intrassi ne la catena
d'oro che al collo indegnamente porta
che credo certo meglio se io non erro
a piè gle ne staria una di ferro.
Di tutto quel che ha detto con passione
per certo gli è perché credo beuto

> *avesse certo come è suo doùto*
> *altrimente ei saria un becco fotuto.».*

La goliardia è sempre esistita, a tutti i livelli della società e a qualsiasi livello culturale. E come troppo spesso capita, scade nella diffamazione.

Questi versi così coloriti girarono per diversi mesi in città, prima che il Baglione, non sopportando più la situazione, decise di denunciare i tre autori; è molto probabile che siano stati scritti principalmente dal Caravaggio e gli altri due siano stati solo personaggi secondari in questa scena.

Queste prime esperienze di processi e incarceramenti non servirono molto a Caravaggio, che continuò a vivere ai bordi della legalità, vinto da una estrosità sempre più spinta.

Nel 1604 in pochi mesi -tra maggio ed ottobre- fu arrestato più volte. Le accuse erano prevalentemente per possesso di armi e per ingiurie nei confronti di guardie cittadine; si può facilmente capire che lo spirito di Caravaggio andava spesso contro le regole e coloro che le rispettano o devono farle rispettare. Questa ribellione è una caratteristica innata del suo carattere e modo di pensare, al punto che la ritroveremo anche in molte sue opere, sia per quanto riguarda temi di carattere civico sia religioso.

Nel 1604 fu querelato di nuovo, questa volta da un garzone di un'osteria in cui Caravaggio era andato per mangiare, ordinò un piatto di carciofi -tipico della cucina romana- che finì in faccia al povero garzone, perché non era di suo gusto.

Nel 1605 dovette addirittura scappare da Roma per rifugiarsi a Genova, ovviamente a causa di un altro problema con la legge. Questa volta ferì gravemente niente meno che un notaio, un tale Mariano Pasqualone da Accumuli, a causa di una donna di nome Lena, che era amante di Caravaggio. Questo caso richiese l'intervento dei suoi protettori romani che grazie alla loro influenza riuscirono a insabbiare tutta la storia e permisero a Caravaggio di tornare a Roma.

Subito dopo il suo ritorno, fu querelato di nuovo; questa volta dalla sua padrona di casa, la signora Prudenzia Bruni, per non aver pagato l'affitto. Caravaggio, per ripicca, aspettò il buio della notte per andare a rompere a sassate i vetri della casa della povera Bruni.

Nel novembre dello stesso anno -sempre il 1605- si registra un fatto molto curioso nella biografia di Caravaggio; il pittore fu degente a causa di una ferita causatagli da una caduta accidentale sulla spada che portava alla cintola. Se vogliamo, è un caso altamente sospetto; soprattutto se consideriamo la sua vita sino ad ora. Pare che la ferita gli fosse stata inferta durante un duello nascosto o in un agguato a seguito di una vendetta.

Il 28 maggio 1606 si registrò il fatto più grave nella biografia del pittore lombardo. Quella sera Caravaggio iniziò una partita a pallacorda insieme a Ranuccio Tommasoni da Terni (persona che il Merisi conosceva già e con la quale aveva più volte già litigato arrivando alle mani). Caravaggio, durante questa partita, subì un fallo commesso da Ranuccio e il litigio non tardò ad accendersi; Ranuccio ferì Caravaggio, che a sua volta lo ferì in modo mortale.

Alla base di questa litigata -scatenata da un banale fallo- pare ci fosse ben altro; i due amavano la stessa donna, una certa Fillide Melandroni, che dava le proprie attenzioni ad entrambi. Sembra addirittura che questa situazione possa essere scoppiata a causa di un debito non pagato; i due si divertivano molto a giocare e a scommettere e Caravaggio pagava i propri debiti con grande difficoltà. Non possiamo ignorare anche l'aspetto politico della situazione. La famiglia di Ranuccio era notoriamente filo-spagnola, mentre Caravaggio era protetto dall'ambasciatore di Francia.

Considerando tutte queste diverse sfaccettature legate alla morte di Ranuccio Tommasoni, possiamo intuire il motivo per cui la condanna inflitta a Caravaggio fu così pesante: la decapitazione. Con un'aggravante a sfavore del pittore, la condanna poteva essere eseguita da chiunque incontrasse Caravaggio, anche se l'avessero semplicemente incontrato per strada.

Questi fatti, sono importanti da conoscere e non per dar sfogo ad una generale ed imperante necessità da amanti del *gossip* ma per capire le scelte artistiche del grande pittore lombardo, che con la sua Arte ha influenzato la cultura non solo italiana.

Molte scelte artistiche di Caravaggio trovano spiegazione nel suo carattere forte e nella sua innata tendenza ad essere dissacratore e provocatore. Troppo spesso si è voluto trovare messaggi nascosti o idee rivoluzionarie; credo fermamente che sia più corretto leggere le sue opere facendo un costante riferimento alla sua biografia e psicologia.

Caravaggio sembra non aver mai vissuto un interesse per i messaggi e i concetti religiosi, tanto meno per quelli storico-sociali. Il pittore lombardo ha dedicato la sua vita alla ricerca della Bellezza, declinata secondo il suo linguaggio personale, non accolto sin dall'inizio e caduto anche nell'oblio per qualche tempo. Altro aspetto a cui è stato sempre fedelissimo è quello del divertimento, della presa in giro (anche se dissacrante) e potenzialmente querelabile.

Scena VI:
Una vita in fuga

Come abbiamo già avuto modo di vedere, una costante nella vita di Caravaggio è rappresentata dalla fuga.

Sin dalla più tenera infanzia si è trovato a dover affrontare la difficile esperienza di dover lasciare la propria casa, allontanarsi dagli ambienti della quotidianità e degli affetti per dover ricostruire un proprio mondo in un altro luogo.

Di tante fughe vissute per colpa della peste o del suo carattere violento, sarà quella causata dall'omicidio del Tommasoni a suscitare nella sua pittura una maggior sensibilità sul tema della morte, oltre a colpire maggiormente il nostro immaginario.

Questo impatto così visibile nelle sue opere trova origine nel rocambolesco piano di fuga escogitato grazie alla complicità dei Colonna, che lo porterà all'isola di Malta; un luogo che oltre al suo fascino naturale dovuto alla conformazione geografica propria di un'isola godeva anche del fascino portato dai Cavalieri di Malta, che hanno rasentato il mito.

Questo continuo spostarsi, questa continua mancanza di un punto di riferimento hanno fatto sì che Caravaggio non provasse nella sua Arte un attaccamento per un maestro o per una scuola in particolare. Egli, come Dante, ha appreso il gusto che imperava in Italia, ha vissuto per diletto nei bassifondi e per estrazione familiare e interesse economico lo si poteva trovare nelle più belle residenze della nobiltà romana. La cultura e la società italiana gli appartenevano in modo trasversale e sapeva parlare alle masse come all'*élite* culturale dell'epoca.

Tutto ciò lo possiamo percepire anche dai suoi quadri, raffinati e pervasi dal fumo delle taverne. Caravaggio, anche quando deve soddisfare le richieste di una commissione, inserisce aspetti personali nelle sue opere, parla sempre di sé e soprattutto, aspetto importantissimo del suo modo di concepire l'Arte: si diverte.

Le ricostruzioni storiche nei suoi quadri -soprattutto in quelli a sfondo religioso- sono di per sé opere teatrali nate dall'inventiva del pittore che sembra voler creare un mondo a sua immagine e somiglianza, dove possa finalmente sentirsi a suo agio e mettere radici.

Se ben pensiamo alla sua vita, egli ha sempre creato una sua coorte o, entrando in coorti già esistenti, ne è diventato il centro dell'interesse della vita culturale. Dalla combriccola di artisti goliardici querelati per le poesie oscene e calunniose, al suo sforzo immane per poter entrare nell'Ordine dei Cavalieri di Malta, Caravaggio si è sempre prodigato per non ritrovarsi solo. La sua Arte trova spunto e forza dalla compagnia, sembra che egli voglia fuggire la solitudine. I suoi modelli erano come attori di una compagnia che aveva lui come capocomico. Dai ritratti singoli a quelli in gruppo notiamo quell'atmosfera di immobilità scenica tipica di chi si è messo in posa, soddisfacendo le richieste di un regista alquanto esigente.

Se da un lato non possiamo non considerare le sue tele come delle vere e proprie opere d'Arte che spalancano -anche violentemente- le porte ad un'innovazione senza pari per il tempo, dall'altro dobbiamo -per onestà intellettuale- considerare le tele di Caravaggio come un estremo tentativo di creare un mondo in cui ritrovarsi, in cui il pittore poteva non solo sentirsi a casa ma anche a suo agio.

Dallo studio della luce, usata in modo unico e trasformata in una caratteristica così riconoscibile da rendere inconfondibile l'Arte di Caravaggio -copiata da pittori di diverse epoche e nazionalità- alla teatralità delle espressioni e delle scenografie -come vedremo in alcune sue opere- siamo di fronte ad un'utopia, nella quale il pittore voleva vivere.

Le opere di Caravaggio trasmettono una forte intimità, che sembra legare l'artista e i modelli che ammiccano e guardano intensamente in direzione del pittore, posizione che ora occupiamo noi in qualità di spettatori. Questa intimità è reale, spesso Caravaggio chiedeva ad amici o conoscenti di posare per la realizzazione delle sue opere. Come detto prima, dal momento che quando osserviamo le sue opere ci troviamo a prendere il posto del pittore, ci sembra che i protagonisti ci guardino con quell'intesa che ci attira e ci fa vivere delle sensazioni particolari e ci fa amare ancora di più la pittura di Caravaggio.

Non esiste opera di Caravaggio che non crei queste sensazioni.

Ecco perché tutte le sue opere sono facilmente riconducibili alla sua mano e non dobbiamo neanche essere particolarmente preparati per poter riconoscere la sua paternità.

Solo un'artista è riuscita a creare la stessa intimità e la stessa intensità nelle sue opere arrivando a raggiungere il livello di Caravaggio: Artemisia Gentileschi. Una donna che ha precorso i tempi e che ha trovato in Caravaggio e nella sua Arte una guida molto importante e significativa. A dire il vero, Artemisia pare si sia fatta influenzare da Michelangelo Merisi anche nella vita quotidiana; recenti studi su questa favolosa donna hanno dimostrato che adorava frequentare le osterie e non le dispiaceva partecipare a liti, piccoli tafferugli e si prendeva ciò che più le aggradava senza grandi problemi.

Scena VII:
La direzione teatrale

La pittura di Caravaggio non è relegata solo nel campo dell'Arte impressa sulle tele.

Dobbiamo far nostra l'idea che la sua Arte sia anche e soprattutto teatro.

Ogni suo quadro è impregnato di teatralità al punto che le sue scene sono occupate da veri e propri attori impegnati a dar vita ai loro personaggi, seguendo canovacci ben precisi e studiati.

Se guardiamo al suo *Bacco* o alla *Vocazione di San Matteo* ci rendiamo perfettamente conto di quanta importanza Caravaggio abbia sempre dato al teatro.

Più volte vi ho ricordato che fosse un abitatore assiduo delle taverne e della vita notturna, oltre che un amante di tutti i tipi di divertimenti: tra questi non dobbiamo dimenticare di annoverare il teatro.

Dobbiamo tornare un attimo indietro nel tempo, facendo un piccolo salto temporale in una delle epoche più interessanti e di maggior splendore culturale: il Medioevo. Pensiamo ai favolosi bestiari medioevali, che oltre a presentarci gli esseri più strani mai esistiti, ci offrivano tutta una serie di informazioni su qualità e abitudini positive e negative dell'essere umano. In queste opere letterarie di formazione spesso il divertimento legato al teatro era riportato tra gli aspetti più peccaminosi della vita dell'uomo.

Non dimentichiamo che il nostro maestro milanese era un amante del piacere proibito (o anche solo malvisto) e da bravo provocatore non perdeva occasione di dar scandalo e di legare la sua immagine con la depravazione. Le idee e le considerazioni nate nel Medioevo sono sopravvissute per molti secoli (alcune sono vive e vegete ancora oggi) e la percezione del mondo del Teatro era ancora in auge all'epoca di Caravaggio, che ovviamente non ha perso l'occasione di farla diventare un tema ricorrente nella sua Arte e nella sua vita.

Oltre ad essere un eccellente regista, Michelangelo è un incredibile scenografo, sceneggiatore e tecnico luci. Nulla sembra scappare al suo occhio attento e vigile. La composizione delle sue opere è sempre ben studiata e strutturata e la drammaticità delle espressioni degli attori è sapientemente amplificata e sottolineata dagli effetti di luce.

Le pose dei personaggi a volte impegnano a tal punto il modello-attore, causando una tale tensione fisica oltre che emotiva, che colpisce anche i nostri sensi, rendendoci partecipi di quello sforzo e di quel turbinio di emozioni. Sembra proprio che il pittore abbia chiesto di esagerare una movenza o un grido e di portare la mimica all'eccesso affinché potesse essere percepita anche da chi si trovasse seduto nelle ultime file in fondo ad una sala di teatro. Lo stesso impegno di dover amplificare il sentimento e l'espressione lo vivono gli artisti sul palco, che devono imprimere una forza tale alle proprie azioni da raggiungere anche lo spettatore più lontano. Quella sensazione di estrema estasi nonché di scomodità emotiva che percepiamo mentre osserviamo le tele di Caravaggio è dovuta al fatto che le sue opere sono dei veri e propri amplificatori di emozioni e di sentimenti.

Il silenzio ne *La Vocazione di San Matteo* è uno dei personaggi principali della tela. Nella nostra mente si ricrea perfettamente tutta la scena, non ci è difficile immaginare i personaggi del racconto seduti al tavolo intenti nello svolgere la loro professione, impegnati nel contare avidamente le monete raccolte per le tasse, mettendo da parte quelle per le proprie tasche.

Il tutto è costruito con un perfetto ritmo teatrale (o se vogliamo cinematografico, perché no).

I "bravi" sono impegnati in animate discussioni goliardiche, in attesa di intimorire qualche malcapitato pagatore chiamato a versare le tasse.

Un discepolo di Gesù ci dà le spalle -molto probabilmente lo stesso Pietro- mentre è intento ad attirare l'attenzione dei presenti, troppo occupati nelle loro faccende per rendersi conto dei nuovi venuti.

Cristo sta chiamando a sé colui che diventerà un suo nuovo discepolo.

Tutto questo andrebbe a nozze in qualche film edulcorato e ben posato alla Zeffirelli ma non stonerebbe neanche in qualche scena piena di pathos e forte tensione alla Mel Gibson.

Nonostante queste sensazioni, i presenti ci trasmettono tutto fuorché il movimento; non sembrano sul punto di prendere vita. L'impressione è quasi quella di essere davanti ad una *storyboard*.

I personaggi sono rigorosamente statici, come se fossero stati congelati da qualche fermo immagine.

In effetti, Caravaggio non sembra essere posseduto dalla necessità di infondere vita e movimento alle sue opere d'arte; come invece lo era il Michelangelo della Storia dell'Arte (quello del David e della Cappella Sistina, per intenderci). Una vera e propria ossessione che si è trasformata nella leggenda secondo la quale il Buonarroti sia arrivato addirittura a dare una martellata al suo Mosè chiedendogli con foga:

Perché non parli?

Una bella storia tutto lì; faccio davvero fatica a credere che il Buonarroti abbia compiuto questo gesto. Egli sa quale sia il modo giusto per infondere vita e movimento alle sue sculture;

essendo il maestro del *non finito*: la sua tecnica scultorea che è l'espediente migliore per infondere la vita reale e di movimento all'inorganico marmo e alle figure che in esso scolpiva.

I grandi innovatori, i geni incontrastati dell'Arte come i nostri due Michelangelo sapevano perfettamente che l'unico modo per superare i limiti dell'Arte era quello di percorrere strade nuove e non continuare a "fare le cose alla vecchia maniera", sperando di trovare una qualche soluzione.

Per quanto riguarda Caravaggio, sappiamo che egli diventerà il protagonista di molte dicerie, alcune si trasformeranno addirittura vere e proprie leggende, ma nessuna di queste vuole portarci a pensare che il maestro lombardo avesse una vera e propria ossessione per infondere la vita nelle sue opere d'arte.

Sappiamo che uno dei colpi di testa di Caravaggio fu causato dalla sua necessità di avere la luce giusta per dipingere. Una luce che molte volte era artificiale, proveniente dalle candele, ma spesso era naturale anche se direzionata. Questa sua necessità lo portò a praticare un foro nel tetto della sua residenza-studio, che aveva preso in affitto dalla povera Prudenzia Bruni (di cui abbiamo già parlato in precedenza). Grazie a questo buco nel soffitto, la luce entrava nel buio dello studio illuminando la scena secondo le necessità del pittore-regista. Non siamo poi così lontani dall'illuminazione teatrale con i suoi fasci di luce direzionati e gli occhi di bue.

Non esiste opera di Caravaggio che non presenti una luce senziente e collaboratrice, che finisca per rivelarsi il personaggio principale delle opere. Tutti gli altri personaggi, anche se si trovano a ricoprire i ruoli principali, sono sempre e comunque secondari rispetto alla presenza di questa luce che tutto crea e modella.

Che Michelangelo Merisi sia un regista è un dato di fatto, non una fantasticheria. Prendiamo alcuni suoi colleghi nostri contemporanei, indipendentemente dallo stile e dai soggetti comunemente trattati; non corre molta differenza tra Caravaggio e Steven Spielberg, Francis Ford Coppola o Tim Burton (giusto per citarne alcuni). Un regista prende spunto dal suo quotidiano e dal suo mondo interiore per creare le sue opere; se pensiamo alle pellicole di Tim Burton, capiamo benissimo quale sia il mondo che appartiene all'immaginario del regista senza neanche il bisogno di ascoltare una sua intervista, che confermerebbe comunque le nostre supposizioni.

Caravaggio è ossessionato dall'oscurità e dalla luce, trova una forte attrazione per le persone che sono altro rispetto al mondo in cui vive e da cui è protetto, così si rifugia nel mondo della strada notturna e lo usa come corollario per tutte le scene che vuole rappresentare, da quelle mitologiche a quelle religiose.

L'aspetto che potremmo definire più cinematografico e che è una caratteristica del suo modo di dipingere è dato dalla camera oscura. Ci è già stato raccontato che Caravaggio dipingeva guardando i suoi modelli, le sue scene e le sue nature morte attraverso una camera oscura, del tutto simile alla macchina fotografica. Non ci richiede molta fantasia il poter vedere Caravaggio al lavoro, di fronte alla tela, mentre osserva gli attori in posa, con i fuochi ben orientati sulla scena, che osserva il tutto dalla sua camera oscura. Se ci pensiamo, però, non è una scena molto diversa da quella del regista, seduto di fronte agli attori in scena, con le luci posizionate nel modo giusto e che dopo aver gridato "azione" guarda le scene riprese dalla cinepresa direttamente dal piccolo schermo attraverso il quale riesce ad avere un'idea di quello che sarà il risultato finale.

Caravaggio dovrebbe essere visto anche in quest'ottica. In nessun modo, ciò lo sminuirebbe nella sua figura di pittore. Egli è pittore, senza dubbio, con una dote che pochi prima di lui hanno sviluppato: quella di dipingere una realtà teatrale creata apposta con l'unico scopo di realizzare una tela.

Caravaggio è in tutto e per tutto lo sceneggiatore delle proprie storie narrate in pittura. Inoltre, essendo un provocatore, adora rivisitare i classici con una punta di modernità, che a volte può vibrare come una nota dissonante sullo spartito. Così le sue rivisitazioni delle scene sacre e mitologiche diventano a tratti dissacratorie ma sempre estremamente sincere, secondo la sua visione personale e di chi la pensa come lui.

L'Arte di Caravaggio è stata molto copiata ed è diventata anche fonte di ispirazioni per pittori della sua stessa generazione e per le generazioni successive. In molti hanno tentato di copiare la sua pittura, non riuscendoci pienamente, proprio perché hanno tentato di rinchiudere la sua Arte solo ed esclusivamente nella Pittura. Così purtroppo è stata impoverita dai molti caravaggeschi che non sono mai riusciti ad eguagliare la bravura del maestro.

Tra le altre cose, la considerazione di Caravaggio nei confronti di chi copiava dagli altri pittori non è per nulla lusinghiera: non vedeva di buon occhio gli artisti (da lui denigrati anche pubblicamente) che si limitavano a copiare dagli altri e non si lasciavano influenzare direttamente dalla Natura.

È un aspetto molto importante e curioso, per questo avremo modo di approfondirlo in seguito. Caravaggio è ancora oggi uno dei pittori più copiati, anche da artisti nostri contemporanei: chissà come gli avrebbe trattati nel vedere le sue opere copiate senza ritegno...

Scena VIII:
L'imbrattatele

Un artista del calibro di Caravaggio non poteva piacere a tutti, ovviamente.
Mentre oggi sembra che universalmente si provi un forte amore per la sua Arte e che pare essere riconosciuta come un caposaldo dell'evoluzione della stessa Storia dell'Arte, nel passato - soprattutto con i contemporanei- Caravaggio ha avuto una bella dose di problemi.

Il primo scoglio che ha dovuto superare è stato quello che tutti gli artisti hanno avuto in comune (e ancora oggi condividono tra loro): farsi conoscere.

Fermandosi davanti alla *Canestra di Frutta* conservata presso la Pinacoteca Ambrosiana di Milano, è emozionante pensare che quella tela debba aver percorso chilometri arrotolata nella sacca del giovane pittore. Questo lungo peregrinare finirà a Roma, quando la tela verrà regalata dal cardinal Del Monte ad una delle eminenze della cultura dell'epoca, oltre che suo collega: il cardinal Federico Borromeo.

La fama di Caravaggio fu un vero e proprio evento mediatico per l'epoca. Tanto onore ed elogi portarono anche invidiosi detrattori; una vita da "artista maledetto" *ante litteram* in una società fortemente perbenista gli causò non poche critiche e da ultimo, purtroppo, dobbiamo ricordare che la sua Arte così innovatrice e unica non fu molto capita e di conseguenza fu fortemente osteggiata.

Una delle prime forti critiche ricevute (e anche la più dura da digerire) fu una cattiveria gratuita da parte di Giovanni Baglione (proprio lui, quello del processo per diffamazione).

Il Baglione ci racconta che la tela che rappresenta San Matteo e l'angelo fu realizzata in una prima versione, poi rifiutata dal committente (Francesco Contarelli) reputandola non degna della cappella di famiglia. Così, il nostro Michelangelo Merisi dovette crearne una nuova, che oggi possiamo ammirare nella famosa cappella presso la chiesa di San Luigi dei Francesi a Roma.

Studi condotti nel 2000 dallo storico dell'arte Luigi Spezzaferro avrebbero dimostrato che quanto raccontato dal

Baglione sarebbe una bugia bella e buona, creata ad arte per gettare discredito sul tanto odiato Caravaggio.

Anche il Bellori riporta però un episodio simile, coinvolgendo anche Vincenzo Giustiniani, il protettore di Caravaggio:

> «*Qui avvenne cosa, che pose in grandissimo disturbo, e quasi fece disperare Caravaggio in riguardo della riputazione; poiché avendo egli terminato il quadro di mezzo di San Matteo e postolo sù l'altare, fu tolto via dai Preti, con dire che quella figura non aveva decoro, né aspetto di santo, stando à sedere con le gambe incavalcate, e co' piedi rozzamente esposti al popolo. Si disperava il Caravaggio per tale affronto nella prima opera da esso pubblicata in chiesa, quando il Marchese Vincenzo Giustiniani si mosse à favorirlo, e liberollo da questa pena; poiché interpostosi con quei Sacerdoti, si prese per sé il quadro, e glie ne fece fare un altro diverso, che è quello che si vede ora sul'altare.*»

Tutta questa negatività gettata addosso al povero Caravaggio rimarrà una chiave di lettura della sua biografia e delle sue opere sino al 2000, fino alla smentita a seguito dello studio sopracitato realizzato dallo storico dell'Arte Luigi Spezzaferro.

Secondo questo studio, la prima versione dell'opera sarebbe stata volutamente provvisoria; in questo modo Caravaggio avrebbe avuto tutto il tempo per realizzare un'opera di alto livello e i committenti avrebbero potuto usare la cappella senza dare l'impressione che fosse in fase di realizzazione.

Il povero Baglione non solo è stato preso pesantemente in giro da Caravaggio e dai suoi compari ma viene anche messo in cattiva luce dallo studio di Luigi Spezzaferro, che ha fatto luce su questa sua vendetta mal riuscita.

Purtroppo però, Baglione non è stato l'unico a prodigarsi nel denigrare l'Arte del maestro milanese. Infatti, quattordici anni dopo la sua morte (avvenuta nel 1614) il noto pittore francese Nicolas Poussin si recò in visita a Roma e apostrofò il nostro Caravaggio in modo estremamente lapidario:

era venuto per distruggere la pittura

Poussin sarà anche stato negativo nel suo giudizio, però credo che qualcosa di vero l'abbia detto tutto sommato. Dopo la venuta di Caravaggio l'Arte non è stata più la stessa; egli ha distrutto la concezione dell'Arte per creare una forma che riecheggia ancora oggi nel nostro senso estetico e che ha gettato i germi per un rinnovamento della Pittura e del Teatro.

Un'altra critica, smontata inesorabilmente dalla Storia, è quella che fu rivolta a Caravaggio dall'Accademia di San Luca fondata nel 1593 da Federico Zuccari, che ricoprì la carica di Principe a vita dell'Accademia da lui fondata (unico altro artista ad avere questo onore fu Antonio Canova).

In qualità di eminenza grigia della Pittura italiana, il manierista Zuccari fu invitato alla presentazione al grande pubblico della Cappella Contarelli.
Il suo giudizio non fu per nulla lodevole:

Che rumore è mai questo? Io non ci vedo altro che il pensiero di Giorgione.

Il tentativo di far rientrare il fenomeno Caravaggio all'interno del filone artistico che andava per la maggiore all'epoca, è un po' imbarazzante, a dire il vero. Risulta difficile non confutare questo giudizio che vorrebbe farci credere che Caravaggio non sia altro che un pittore di secondo ordine, che dipinge alla maniera di altri grandi maestri.
Una delle critiche maggiori che venivano dirette a Michelangelo Merisi è dovuta al suo stile non capito. In un'epoca in cui lo spazio su una tela -e anche quello architettonico- doveva essere completamente riempito e saturato dalla presenza di decorazioni e personaggi, era normale che non si potesse accettare quasi un terzo di tela vuoto e dipinto apparentemente a tinta unita.
Quella presenza così estesa del fondo scuro fu percepita all'epoca dal pubblico, che non riesce mai ad essere aperto ai cambiamenti del linguaggio artistico, come una vera e propria presa in giro.
Chiunque esca dagli schemi prefissati che possano garantire la soddisfazione del pubblico e delle regole accademiche vigenti, deve intraprendere un cammino impervio

per l'accettazione. Per dirla in modo semplice, se si vuole avere successo si deve dare al pubblico quello che vuole, solo così si riesce a vendere; il prezzo di un successo così rapido e appagante è caro: sparire dalla Storia dell'Arte quando cambieranno i gusti e le mode.

Il percorso artistico che Caravaggio ha intrapreso darà i suoi frutti solo nel XX secolo! Ne ha dovuta portare di pazienza il povero Michelangelo e nel frattempo non può neanche godere della valutazione delle sue opere.

Sembra incredibile, però di Caravaggio non se n'è parlato per molto tempo e lo si è confinato tra gli artisti secondari. Dopo questo lungo periodo d'oblio fu riscoperto, capito ed elevato agli onori della Pittura. Un percorso indubbiamente lungo, che oggi, ai nostri occhi e alla nostra sensibilità, sembra essere addirittura paradossale.

Ciò che risulta essere maggiormente curioso, però, non è questo oblio da parte del pubblico ma è stata la scorrettezza della critica, sia quella sua contemporanea sia quella successiva.

La Storia a volte ci presenta degli eventi davvero curiosi e non molto simpatici.

Sappiamo tutti che furono davvero molti gli artisti che seguirono l'Arte di Michelangelo e si lasciarono profondamente ispirare, al punto da essere definiti *"caravaggeschi"*; tutto questo anche se il Merisi non aprì mai una scuola o una vera e propria bottega e quindi non ebbe mai dei veri e propri discepoli o seguaci diretti.

Ciò che è sconcertante è pensare che mentre qualche "allievo" godeva di una ridotta notorietà, grazie al modo nuovo di dipingere, il maestro fu quasi completamente dimenticato.

Alla luce di tutto questo, credo sia normale chiedersi come sia potuta accadere una cosa simile.

La giustizia ha i suoi tempi (e noi italiani lo sappiamo bene) ma presto o tardi arriva per tutti; una consolazione un po' magra in alcuni frangenti ma è quello che abbiamo. Oggi, finalmente, possiamo dire che per quanto riguarda Michelangelo Merisi, detto Caravaggio, giustizia è fatta; con buona pace del Baglione e dello Zuccari che non possono godere, oggi, di altrettanta fama, per essere gentile e non dire che nessuno più se li fila così tanto.

Scena IX:
Morto che cammina!

Caravaggio non ha la mentalità da semplice artista, impegnato in una ricerca estetica che possa concretizzare pensieri e sensazioni eterne; è anche un condannato a morte, che convive nella sua quotidianità con questa situazione di totale instabilità, e ciò ha un'influenza importante sulla sua Arte.

Gli amanti della letteratura americana di genere *horror* non hanno problemi a mettere in relazione la condizione di Michelangelo con quella di John Coffey, il gigante nero del romanzo di Stephen King *"Il miglio verde"*.

Il protagonista del romanzo verrà giustiziato a seguito della sentenza di morte che gli è stata inflitta, durante un processo falsato, per la necessità prettamente umana di trovare sempre e comunque un responsabile e un capro espiatorio nelle situazioni di maggior dolore e incomprensione.

Lo stesso capita a Caravaggio, anche se lui -detto tra di noi- un minimo di colpa l'ha davvero.

Stephen King riesce a ricreare in modo duro e crudo la situazione insostenibile del condannato che si avvicina alla sala dove verrà eseguita la sentenza; nel penitenziario del romanzo (ma anche in quelli reali), quando un detenuto percorre per l'ultima volta il corridoio che lo porterà nella sala, in questo caso, della sedia elettrica, riecheggiano le parole

morto che cammina.

La stessa frase doveva riecheggiare anche nella testa del povero Michelangelo Merisi. Anzi, nel suo caso la situazione da sopportare era senza dubbio peggiore: egli non doveva fuggire dal boia ma da chiunque lo incontrasse per strada, dal momento che chiunque era autorizzato a procedere con la decapitazione, senza incorrere in alcun problema legale.

Ecco che l'Arte del maestro lombardo diventa un continuo riflettere sulla morte e sulla sua condizione; arrivando a sfociare anche in richieste di grazia, invocando misericordia più volte e in tutte le occasioni possibili.

La sua Arte a tema religioso, è sì una rievocazione dei versetti biblici e una manifestazione degli insegnamenti del catechismo della Chiesa Cattolica ma acquista un intenso significato autobiografico, legato proprio alla morte.

Se ci trasferiamo momentaneamente alla Galleria Borghese di Roma e ci fermiamo davanti al Davide con la testa di Golia realizzato a Napoli tra il 1609 e il 1610, possiamo renderci perfettamente conto di questa forte inclinazione autobiografica delle sue opere.

Già nel Seicento i biografi del maestro lombardo hanno riconosciuto nel volto del gigante Golia quello dello stesso Caravaggio; fatto confermato anche dalla critica più recente come riportato dallo storico dell'Arte Sergio Rossi. Non solo, il pittore inviando questo quadro al cardinale Scipione Borghese, potente nipote di papa Paolo V, inserisce un dettaglio che non poteva sfuggire alla vista attenta del prelato. Egli fa ben attenzione che sulla lama tenuta in mano da David si leggano le lettere

H-AS OS

la sigla che riassume il motto dell'Ordine degli Agostiniani

Humilitas Occidit Superbiam.

Con queste parole, Caravaggio compie il suo estremo atto di contrizione, nella speranza che il cardinale interceda per lui presso lo zio-papa.

Michelangelo ha realizzato più versioni di quest'opera e tutte sono caratterizzate da un forte *pathos* che quasi disturba l'osservatore, che non riesce a sostenere a lungo un'intensità di emozioni simili. La versione romana, come abbiamo visto, è l'unica ad essere impreziosita dall'autoritratto del pittore che si vede come Golia, mentre nella versione custodita al *Kunsthistorsches Museum* di Vienna, il modello per il David sarebbe stato il tanto amato Francesco Boneri (Checco, il servo-amante che viveva con lui, immortalato *nell'Amor vincit omnia*).

La presenza del giovane Boneri forse non ha alcun significato particolare, probabilmente è la normale conseguenza della convivenza, di avere sempre a disposizione il ragazzo per una posa, però a posteriori questa assidua presenza del ragazzo tesse attorno alla produzione artistica di Caravaggio una fitta trama di intimità autobiografia.

Nella versione romana c'è un aspetto più intenso e disturbante: Caravaggio si vede decapitato e morto; ritrattosi nella parte di Golia. La presenza della testa del pittore è da leggersi ancora una volta come quella di un condannato che chiede perdono e che ha già ben chiaro in mente quale sarà il suo destino se non dovesse arrivare la tanto agognata grazia.

Rimanendo sempre a Roma, spostiamoci alla Galleria Nazionale di Arte Antica (quella che si trova a Palazzo Barberini), qui è custodita una versione della *Giuditta e Oloferne*. Inutile sottolineare l'aspetto fortemente sanguinoso (e sanguinolento) della scena; la storia della decapitazione di

Oloferne la conosciamo tutti e ci è ben facile intuire la quantità di sangue sparso in un'azione come quella rappresentata.

Questa versione però vuole raccontarci anche un'altra storia.

Basta saper leggere tra le righe del racconto o per meglio dire, in questo caso, tra le pennellate di Caravaggio. Osserviamo attentamente l'opera. Ci sono tre personaggi in scena, tutti misteriosi e decisamente affascinanti.

Focalizziamo la nostra attenzione sul personaggio maschile principale: Oloferne. Il suo corpo è teso nello spasmo della morte violenta che gli viene inflitta. Caravaggio ci racconta tutto il suo dolore fisico e soprattutto l'orrore psicologico provato dall'uomo. Nulla di eccessivamente strano o fuori luogo, come ci si aspetterebbe invece dall'irriverente pittore milanese.

Veniamo ora alle due protagoniste di questo racconto. Diamo priorità al personaggio più maturo, per galateo: la vecchia megera.

Alla donna che tiene in mano il telo in attesa della testa di Oloferne appartengono tutte le caratteristiche della bruttezza esteriore, che è da considerarsi un riflesso della cattiveria interiore. Espediente che troviamo nella maggior parte dei racconti classici e delle favole: il personaggio perfido e cattivo è raramente bello e se lo è, ha operato un ritocchino magico per migliorare il suo aspetto.

La più giovane Giuditta, invece, ha un'espressione così fredda e distaccata da dar l'impressione di trovarsi lì per caso. Osservando con maggior attenzione sorge anche il dubbio che la giovane stia portando a termine un'incombenza noiosa, alla quale si dedica con disinteresse e che non vede l'ora di finire prima possibile.

Prima di proseguire, è arrivato il momento di sfatare un mito.

Quando ci troviamo davanti ad un'opera e veniamo colpiti da quelli che potrebbero sembrare dei punti deboli o, ancora peggio, degli errori più o meno grossolani, non dobbiamo mai mettere in dubbio la sua autenticità come opera d'Arte. Un quadro che non rispetti i canoni classici della tradizione e del senso comune non è meno artistico di altri perfettamente "inquadrati" accademicamente parlando.

In questo caso specifico, nonostante questi particolari che colpiscono, senza ombra di dubbio, siamo di fronte ad una vera opera d'Arte. Da cosa lo possiamo capire? Quando un'opera può essere definita Arte?

Una gran bella domanda che affligge la maggioranza di coloro che si occupano di Arte e che ne sono appassionati. Eppure la risposta è più facile di quello che si possa pensare: ogni opera, che abbia almeno due interpretazioni diverse ed entrambe sono valide, è un'opera d'Arte.

Dopo questa piccola e dovuta divagazione, ritorniamo alla nostra grande opera d'Arte.

Osserviamo con molta attenzione il volto di Oloferne: è chiaramente quello di Caravaggio; ancora una volta ritorna il malessere psicologico e la paura del condannato a morte per decapitazione.

D'altro canto lo sappiamo molto bene che l'Arte sia uno strumento molto utile per poter superare i malesseri psicologici degli artisti e anche del pubblico.

Veniamo ora a Giuditta. In quest'opera ha un nome e cognome: Fillide Melandroni. La sua storia è molto nota anche al grande pubblico ma merita un maggior approfondimento.

Caravaggio frequentava, ovviamente, le case dei suoi mecenati, il modo più sicuro per ingraziarsi il mercato, tra queste insigni personalità la più importante è stato il banchiere Vincenzo Giustiniani. È proprio presso questa residenza che il maestro milanese incontrò la sua rovina, sotto le sembianze di una donna molto affascinante: Fillide. Una prostituta che visitava spesso le residenze di cardinali e importanti personalità romane.

Caravaggio rimase piacevolmente impressionato dalla bellezza della donna e la ritrasse in diverse opere. I due si frequentarono e si incontravano nelle taverne dove l'artista era solito passare le sue notti. È molto probabile che Caravaggio finì per invaghirsi della donna e magari iniziò a provare dei sentimenti più impegnativi, magari non il vero amore ma qualcosa di molto simile e ugualmente intenso.

Come in ogni storia d'amore che si rispetti, questo amore (o forte infatuazione, forse) viene ostacolato; Fillide aveva un "amico" che si prendeva molta cura di lei, dal momento che era anche il suo protettore. Costui non vedeva di buon occhio la frequentazione della sua Fillide con Caravaggio e tentò in tutti i modi possibili ed immaginabili di ostacolare una possibile relazione tra i due. A questo punto della storia va ricordato che quest'uomo era Ranuccio Tommasoni. Proprio quel Ranuccio Tommasoni.

Cosa avvenne il 28 maggio 1606 lo sappiamo tutti: Caravaggio rispose alle provocazioni di Ranuccio e lo uccise.

Quel fattaccio scatenò la serie di eventi che trascineranno Caravaggio nel gorgo che a poco a poco la ho distrutto e annientato.

Ora, letta dal punto di vista biografico l'opera acquisisce un significato decisamente più profondo e drammatico. Il fatto che a tagliare la testa di Oloferne-Caravaggio sia proprio la donna che fu la causa scatenante della condanna a morte del pittore è particolarmente significativo.

Se osserviamo la tela, ora, con maggior attenzione e sensibilità non possiamo non far nostra la chiave di lettura più plausibile: questa scena ha tutta l'aria di essere un incubo dal quale Caravaggio-Oloferne si vorrebbe svegliare.

La posizione di Oloferne-Caravaggio, le braccia tese nello sforzo di sollevare il torso dal materasso, la bocca aperta in un urlo; sembra proprio che il protagonista si stia svegliando dall'incubo nel quale ha visto la donna che fu la causa della sua rovina intenta a tagliargli la testa.

Non tanto una scena biblica, quanto un vero e proprio incubo dipinto, in modo da poter esorcizzare la sua paura più grande e per intenerire il pubblico ufficiale nella speranza di ottenere la tanto sospirata grazia.

Ecco perché la donna dà l'impressione di essere estranea alla scena e non sembra per niente emotivamente coinvolta. A dire il vero si fa molta fatica a credere che una donna, che sta tagliando la testa ad un uomo, sembri così disinteressata all'azione e non faccia neanche un grande sforzo fisico. Giuditta-Fillide è più che altro una presenza, uno dei tre personaggi di un incubo.

Un gran brutto sogno che noi sappiamo non diventerà mai realtà ma che renderà la vita del pittore una fuga continua per allontanarsi da quell'orrore sino al giorno della sua morte, avvenuta in modo alquanto sospetto.

Continuiamo ora il nostro viaggio, spostiamoci sull'isola di Malta e per la precisione nella capitale La Valletta, dove si trova la concattedrale di San Giovanni.

Qui troviamo una delle opere più intense di Caravaggio, soprattutto se letta dal punto di vista biografico: la *Decollazione di San Giovanni*.

Il tema religioso di questo quadro è ben noto ed è di facile interpretazione; ovviamente (non dobbiamo mai dimenticarlo) è facilmente interpretabile da tutti coloro che abbiano ricevuto un minimo insegnamento cristiano. Dopo la richiesta di Salomè, a seguito della sua ammaliante danza dei sette veli per il lussurioso patrigno, la testa del Battista dovrà esserle consegnata su un vassoio d'argento, non tanto per far felice la sadica ballerina ma per far contenta la madre vendicativa.

Caravaggio ha deciso di rappresentare il santo nel momento finale e più intenso della decollazione. La scena ha un impattato emotivo molto forte e nonostante sembri rispettare tutti i canoni della pittura (dell'epoca) ha molti aspetti curiosi e insoliti.

Personalmente per il nostro Caravaggio quest'opera ha un valore inestimabile, sarà proprio grazie a questo dipinto dalle dimensioni così importanti (3,61 x 5,20 m!) che otterrà la Croce di Malta. Una parentesi di felicità che è destinata a durare poco, purtroppo.

Viene da chiedersi cosa abbia combinato questa volta. Andiamo con ordine.

La Storia ci racconta che a seguito del riconoscimento di un così importante onore da parte dell'ordine, Caravaggio fugge all'improvviso e velocemente dall'isola. Per una "coincidenza" che lascia stupiti, dopo la sua fuga, i cavalieri diedero lettura della bolla che ne decretava la radiazione dall'ordine, lettura che avvenne proprio davanti al quadro.

Molto si è detto sulla composizione dell'opera, che rimane davvero unica e non solo per le dimensioni (è il dipinto più grande realizzato dall'artista lombardo) ma anche e soprattutto per alcune scelte compositive decisamente azzardate.

Diamo una leggera rinfrescata ai nostri ricordi sul racconto storico del dipinto. San Giovanni è in carcere perché ha attaccato pubblicamente il potere ed è in attesa della sua condanna. La donna a cui ha dato, davanti a tutti, della "poco di buono" è molto vendicativa e usa l'avvenenza della propria figlia (alla quale il "marito" non è indifferente) per ottenere la testa del predicatore.

Ora guardiamo il quadro, iniziando proprio dall'ambientazione. Siamo per strada, del carcere vediamo probabilmente solo il portone e una finestra da cui si affacciano due carcerieri o detenuti curiosi. Un cavaliere osserva l'operazione indicando il bacile per la testa e due serve (forse impiegate di palazzo) si disperano mentre il boia ha già inferto il colpo e si appresta a terminare il lavoro per il quale viene pagato.

Apparentemente è tutto normale e la rappresentazione potrebbe risultare scontata e facilmente accessibile per tutti, nonostante un leggero anacronismo e un dettaglio nell'ambientazione che passano quasi inosservati: i vestiti che non risalgono all'epoca dell'evento e il luogo, dove troviamo un palazzo che dalla facciata ricorda l'Italia centrale rinascimentale.

Eppure, se osserviamo con attenzione e in silenzio l'opera, si inizia a percepire la sensazione che il centro della rappresentazione non sia né il santo decollato né uno degli attori coprotagonisti. Il fulcro della composizione, strutturata in modo tale che il nostro occhio cada proprio lì in quel preciso punto, è la *misericordia*.

Per chi non fosse pratico di decapitazioni, è giusto ricordare che il coltello che il boia tiene in mano dietro la schiena si chiama misericordia, appunto.

Ovviamente è un dettaglio che non è sfuggito all'attenta osservazione di molti esperti e critici. Secondo un'opinione ampiamente diffusa, la presenza di questo speciale coltello è da interpretarsi come un'ulteriore supplica per ottenere la tanto sperata grazia (che si può ottenere solo tramite un atto di misericordia, appunto) nei confronti della sua condanna a morte. Il coltello veniva usato dai boia per dare in tutta fretta il colpo di grazia al condannato a morte la cui esecuzione poteva non avere avuto un esito immediato; molti professionisti delle esecuzioni capitali (magari per scarsa esperienza o semplicemente perché non era giornata) non riuscivano ad uccidere il condannato al primo colpo e così il colpevole soffriva oltre il dovuto, per mettere fine a tale condizione ingiusta e di estremo dolore si interveniva con la misericordia recidendo le terminazioni nervose ancora collegate, procurando così una morte più rapida.

Quest'arma poteva avere forme diverse e essere usata anche in altri contesti ma la funzione, essenzialmente, rimaneva la stessa. Alcune misericordie erano realizzate a forma di stiletto ed erano impiegate in guerra; dopo una battaglia si passava tra i morti e i feriti lasciati sul campo e si metteva fine alle sofferenze di coloro che avevano subito ferite così gravi da non poter più essere curati in nessun modo, conficcando lo stiletto nel cuore.

Ora che sappiamo tutto della misericordia, torniamo al nostro quadro.

Diversi storici dell'Arte vedono in questo oggetto dipinto una supplica di grazia da parte di Caravaggio, che si trova in una situazione precaria per colpa della sentenza relativa all'uccisione di Ranuccio Tommasoni; ricordiamoci che l'esecuzione poteva essere eseguita da chiunque lo incontrasse anche per strada e ciò faceva vivere al maestro milanese una situazione di assoluta incertezza e terrore (non a caso la scena ritratta è per strada e non nelle prigioni dove dovrebbe essere).

Altri studiosi, invece, vogliono vedere nell'arma al centro della rappresentazione un più semplice richiamo (per semplice assonanza) al nome della compagnia che commissionò l'opera: la Compagnia della Misericordia, appunto.

Quest'ultima è una spiegazione possibile e forse anche probabile, rimane però un po' troppo superficiale e banale se la leghiamo al modo di operare di Caravaggio che non si accontentava troppo facilmente delle banalità.

A mio avviso nel quadro è presente un dettaglio che va a favore della visione legata alla sua condanna. Se osserviamo con attenzione possiamo notare che il sangue, che zampilla dalla ferita inferta con la spada per tagliare la testa al santo, crea sul pavimento una piccola pozza; sotto la quale si può incontrare la firma del pittore che è scritta con il sangue stesso dell'innocente condannato ingiustamente a morte.

Dal momento che Caravaggio, poco prima di ricevere la commissione per quest'opera, era stato nominato Cavaliere di Grazie, si firmerà:

F Michelangelo

dove la F sta per "Frà", ovvero fratello. È questo particolare, oltre alle sue straordinarie dimensioni, a rendere l'opera un lavoro unico nella biografia artistica del Merisi.
Il dettaglio non è trascurabile.
Il sangue di un innocente, condannato alla pena capitale per decapitazione, prende la forma delle lettere che compongono il nome di un'altra persona condannata alla stessa pena.
Viene da chiedersi: Michelangelo Merisi, detto Caravaggio, nega l'evidenza della colpa e si dichiara innocente o è davvero innocente, vittima di un'ingiustizia?
Non possiamo avere risposte certe, ovviamente, ma solo interpretazioni nostre personali a posteriori, che possiamo esporre ma rimangono pur sempre nostre visioni, strettamente personali.
Che Caravaggio fosse colpevole per l'uccisione di Tommasoni è indubbio, che egli si ritenesse vittima della situazione (creata da altri) e non della sua indole violenta è altrettanto chiaro. Che si fosse convinto di essere un martire innocente e volesse convincere anche gli altri è ravvisabile nelle sue opere.

Scena X:
Come Oscar

La Bellezza è un concetto così astratto e indefinito che è difficile trovare una definizione comune nelle diverse culture; è possibile affermare che non ci sia alcuna possibilità di intesa nelle culture che colorano il mondo. Le definizioni che vengano date a volte, addirittura, sono in contrasto tra di loro. Eppure non è una presenza estranea alla nostra vita, tanto che ne possiamo essere facilmente attorniati e spesso anche sopraffatti.

La leggenda vuole che si siano combattute guerre da *colossal* per colpa della Bellezza; amanti del Bello sono finiti in bancarotta, altri invece sono stati uccisi o sono finiti in carcere. Da Elena di Troia all'ipotizzato furto di un bronzo di Riace, tutti (tanto i buoni quanto i cattivi) si sono messi in pericolo o in imbarazzo per poter possedere la Bellezza.

Se da un lato ci rendiamo conto che una definizione universale di Bellezza è quasi di per sé impossibile, non è fuori luogo associarla con il piacere, che ovviamente può avere una connotazione più fisica o più mentale in base al suo campo di azione.

Nell'immaginario di tutti noi, la persona che è diventata l'emblema di colui che è stato sopraffatto dalla Bellezza e che ha dichiarato che l'unico modo per poter resistere ad una tentazione sia cedervi è Oscar Wilde. Il grande poeta inglese per colpa del suo amore incondizionato per il Bello e per il piacere che da esso scaturisce è finito in carcere.

A Caravaggio non toccò una sorte molto diversa, come ben sappiamo.

I suoi quadri non perdono occasione di raccontarci la sua passione per la Bellezza femminile e maschile, la sua vita ci racconta il Bello tra i lussi dei palazzi aristocratici di mezza Italia e il suo amore per la trasgressione che lo ha portato a vivere una vita notturna da vera e propria *rockstar*, tra eccessi e perdita di controllo.

È difficile trovare un artista (nel senso vero del termine, non un semplice qualcuno che si occupi in qualche modo della creazione di oggetti inopportunamente considerati artistici) che non abbia sofferto a causa del cammino intrapreso verso la Bellezza.

Perché mettere in carcere un esteta o giudicare sconveniente chi abbia cercato la Bellezza in situazioni considerate poco ortodosse dal pensiero comune?

La risposta non è così difficile, tutto sommato.

La ricerca della Bellezza ha più a che fare con l'etica che con la morale, ecco perché è facilmente attaccabile e giudicabile da chiunque.

Questo è un argomento alquanto difficile, me ne rendo conto; vediamo di fare maggior chiarezza, facendoci aiutare dall'Arte dello stesso Caravaggio. Prima permettetemi una parentesi nozionistica.

La morale è un aspetto altamente variabile nella vita di un essere umano; viene imposta dalla società e dalla religione e contempla tutta una serie di regole da seguire per poter vivere ed essere accettato in un determinato gruppo. Se pensiamo all'etimologia di questa parola (dal latino *moràlia*) abbiamo proprio l'indicazione dell'esistenza condotta da una serie di norme che indicano come l'uomo dovrebbe comportarsi. Ovviamente, in base al periodo storico, alla cultura imperante e alla religione dominante la morale può cambiare e nell'ambito della stessa civilizzazione può subire forti modifiche durante lo scorrere dei secoli o dei millenni.

L'etica, invece, rimane un aspetto più personale, non è imposto dall'esterno e quindi è più vero per l'individuo. Ha a che fare con la ricerca che ogni singolo individuo mette in atto per poter trovare uno o più criteri che gli permettano di gestire la propria libertà ed ha come oggetto tutti quei valori morali che determinano i valori dell'individuo stesso. L'etica ci permette di trovare il senso dell'esistere come individui, il suo significato più intrinseco e di meglio definire il significato della propria e dell'universo che lo circonda.

Vista sotto questo aspetto, l'Arte di Caravaggio diventa pura e semplice espressione della sua etica intima e sincera.

Il mondo del Merisi è facilmente leggibile nelle sue tele. La ricerca della Bellezza fisica che attraversa la sua Pittura fra donne fatali ed avvenenti e ragazzi aggraziati e giovani. Il senso di proibito e trasgressivo che traspare dalle ombre illuminate dalla luce delle candele, la ribellione costante alle convenzioni di quella società benestante e benpensante in cui viveva, che sotto sotto nella propria intimità (nell'oscurità del suo vero essere) ha sempre covato della grande trasgressione.

Tutto questo non può che risuonare come un'eco per tutti noi che abbiamo avuto la fortuna di conoscere il grande esteta inglese, Oscar Wilde.

Ciò che più accomuna questi due grandi artisti separati da quasi tre secoli di Storia non è solo la loro spasmodica ricerca del piacere attraverso il Bello ma è anche il racconto. Entrambi, infatti, hanno trovato sostentamento grazie alle proprie doti artistiche (Caravaggio dipingendo e Wilde scrivendo) ed il pubblico ha apprezzato molto i loro racconti ma, dobbiamo ammetterlo, anche le loro biografie. Così Oscar veniva invitato anche oltreoceano per raccontare la sua vita e le sue idee (che possiamo anche considerare una vera e propria filosofia di vita) e Caravaggio destava l'attenzione del pubblico non solo per la maestria con la quale realizzava le sue opere o per il suo stile di rottura ma anche, e soprattutto, per la sua visione personale del mondo e della realtà che anima ogni pennellata e scena rappresentata.

Gli aspetti comuni tra i due artisti non si sono esauriti qui, ce ne sarebbe ancora uno, a dire il vero.

Entrambi hanno creato un alone d'interesse attorno alla loro persona e sono entrati a pieno titolo nell'immaginario comune del pubblico esercitando un sempre più forte ascendente.

È indubbio che qualcuno possa anche trovarli attraenti; ciò non è dovuto semplicemente al loro aspetto fisico ma è una conseguenza del personaggio maledetto che si sono cuciti addosso e che sopravvive grazie alle cronache e alle loro opere, veri e propri classici immortali anche se a volte sono condite da un pizzico di immoralità.

ATTO SECONDO

Scena I:
La luce creatrice

Non si può parlare dell'Arte di Caravaggio senza prendere in considerazione la vera grande protagonista della sua ricerca pittorica: la luce.

Molti si sono prodigati nel voler descrivere l'unicità della sua tecnica nel rendere questa tensione perenne tra ombra e luce; alcuni hanno fatto un errore grossolano definendola, addirittura, statica.

È tutto fuorché statica.

I corpi e i volti dei protagonisti, così come gli ambienti - anche se avvolti dall'ombra- prendono forma e consistenza grazie al continuo modellare della luce, che sembra prendere la materia nera e informe di cui sono fatte le tele del Merisi e creare tutto quello che è necessario modellandola e plasmandola a suo piacimento.

Nonostante lo sfondo di Caravaggio sia prevalentemente scuro, tendente al nero, non è così facile poterlo copiare. A dire il vero, il massimo che può ottenere chi tenta di copiare le sue opere è avvicinarsi all'originale. La complessità dello sfondo di Caravaggio sta nel fatto che non sia a tinta unita.

L'effetto che si crea sulle tele è quello di molteplici velature, vere e proprie sfumature di bruni diversi, che sovrapponendosi creano ciò che solo il pittore lombardo è riuscito a regalarci. Come vedremo nei capitoli seguenti, l'influenza di Caravaggio va ben oltre i suoi contemporanei e si può notare anche nell'Arte contemporanea; un esempio su tutti è l'opera di Ettore Spalletti, che crea opere sforzandosi di creare un colore più naturale (e tendente al vero) possibile e quindi non monotono (inteso mono-tono), come i suoi celebri azzurri. Questo aspetto è facilmente osservabile in natura, se pensiamo al colore del cielo, non lo troveremo mai perfettamente a tinta unita ma avrà zone di maggior intensità di colore e altre di maggior chiarezza. Lo stesso discorso vale anche per il buio che possiamo attraversare di notte.

Il fondo "nero" di Caravaggio sarebbe definito in modo più corretto usando il plurale: il fondo dei "neri" di Caravaggio.

La lettura corretta del suo fondo nero bituminoso, che fa da sfondo alla maggior parte delle sue opere, è quella che ci porta a considerarlo un insieme di tenui luci e profonde ombre.

Caravaggio sviluppò il suo personale studio della luce e della tecnica pittorica grazie anche alla camera oscura, che gli permise di ottenere risultati unici per la sua epoca e rimangono strabilianti anche oggigiorno.

Questo strumento è, a tutti gli effetti, l'antenato diretto della macchina fotografica.

Una vera e propria scatola magica di legno in cui il mondo entra da un foro, viene riflesso al suo interno e offerto alla vista dello spettatore attraverso un secondo foro a cui si deve avvicinare l'occhio.

Caravaggio non è un semplice pittore, è anche fotografo e ritrae sulle sue tele le immagini riflesse dalla camera oscura. Anche se sembra un gioco di parole, le sue opere sono immagini delle immagini riflesse della realtà. Grazie all'uso di questo strumento, i volti e le nature morte di Caravaggio godono di una luce tutta particolare e di contorni particolarmente delicati. L'uso della camera oscura e l'uso del colore secondo i dettami della Scuola Veneta fanno della sua pittura un evento unico che pochi sono riusciti anche solo lontanamente ad imitare.

L'attenzione e il virtuosismo di Caravaggio nei confronti della luce sono arrivati a livelli estremi. Per poter dipingere con la luce giusta, che cadesse dell'alto illuminando la scena -con un effetto ottico estremamente teatrale- il nostro pittore arrivò addirittura a fare un buco nel soffitto dello studio in cui lavorava. Facile immaginare la gioia del padrone di casa.

Un aspetto estremamente interessante della pittura di Caravaggio è la presenza della luce ma non in termini generali e normali, qui dobbiamo a tutti gli effetti considerarla teatrale. Come detto prima, il Merisi non è stato un semplice pittore, è stato un fotografo *ante litteram* oltre ad essere stato un eccellente registra teatrale.

Rispetto all'Arte moderna del XVI e XVII secolo, l'Arte di fine Ottocento e di inizio dell'intenso Novecento si è arricchita della cultura esoterica e psicoanalitica; nonostante questa virata, molto della visione di Caravaggio è sopravvissuto, arrivando sino ai giorni nostri. Soprattutto il mondo rischiarato dalla luce delle candele.

La sua luce ha lasciato un segno così forte nella Pittura da durare a lungo nell'immaginario comune di altri pittori che ne fecero un tratto così distintivo della loro Arte da renderla parte del proprio nome: Gerrit van Honthrost viene ricordato con il nome italianizzato di Gherardo delle Notti.

Se corriamo con la memoria al capolavoro di Chalon dedicato alla maga Circe, troviamo un'eco molto caravaggesca per quanto riguarda l'illuminazione della scena.

Il cambiamento è emozionante se si pensa alla prima scena notturna dipinta nella Storia dell'Arte da parte del grande maestro Piero della Francesca che nel suo sogno di Costantino crea una notte molto luminosa, quasi diurna. Ovviamente riuscendo a dare un'idea del notturno anche se molto blanda, ma essendo stato il precursore di questo stile possiamo ben scusarlo per qualche imprecisione commessa (così come dobbiamo giustificare i grossolani errori del Buonarroti nella Cappella Sistina). Con Caravaggio la notte si supera, non è solo quella distesa nera, pesante come solo il buio riesce ad esserlo, ma è anche luce scura; che qui diventa una sorta di materia nera, informe e che può essere plasmata dalla luce diventando il tutto. Con Michelangelo Merisi, infatti, il nero si presenta come la risultanza del tutto, tutti i colori si fondono sulla sua tavolozza, perdendo qualsiasi valenza di "colore" perché il Caravaggio lo rende vera e propria materia.

Se la luce caravaggesca fosse una presenza marmorea, statica ed eternizzante (come alcuni storici e critici la considerano, erroneamente) le opere del Merisi avrebbero un impatto visivo minimo.

E come ben sappiamo, così non è. Anzi, è esattamente il contrario.

La luce di Caravaggio è creatrice. Si muove sinuosa tra le pieghe del fondo scuro e fa fuoriuscire dalla massa bituminosa le figure. Fosse statica, non creerebbe ma metterebbe in luce delle semplici linee e colori.

Oggi, sui palchi teatrali, la luce segue la stessa concezione. Obliqua come nella *Vocazione di San Matteo*, dà la profondità giusta alla scena. La luce è intelligente -sia nelle opere di Caravaggio sia in teatro- cadendo esattamente nel punto dove deve cadere e illuminando in modo debito i personaggi e gli oggetti di scena. Ha sempre la giusta intensità e non è mai violenta, siamo ancora lontani da quegli effetti nervosi e taglienti del colore che impereranno nell'Arte del Novecento ma l'intensità emotiva è forse più forte.

Scena II:
Nero magistrale

Dopo aver parlato della celeberrima luce di Caravaggio, non possiamo non prendere in considerazione il secondo attore principale delle sue opere: il nero.

Una delle caratteristiche più rappresentative di Michelangelo Merisi sono i suoi sfondi, che contrastano con l'intensità della luce.

Dovremmo capire quali siano state le motivazioni che l'hanno portato a cambiare le tonalità usate, infatti all'inizio della sua carriera non troviamo una tavolozza così bituminosa.

Se prendiamo in considerazione la sua celeberrima *Canestra di Frutta* (che probabilmente ricordiamo con tanta nostalgia stampata sulle 100.000 lire), troviamo quel tipo di sfondo che non ci permette di avere indicazioni precise su tempo (in quale momento del giorno siamo?) e luogo (dove siamo?). Sembra quasi che Caravaggio abbia anticipato di qualche secolo la Pittura metafisica di De Chirico!

Anche se può sembrare impossibile, il quadro, purtroppo, non era piaciuto molto al pubblico dell'epoca. Per quante storie romantiche si vogliano raccontare, l'opera ha viaggiato parecchio, arrotolata nella sacca del pittore, prima di trovare un collezionista che lo acquistasse (e lanciasse di conseguenza la carriera del maestro lombardo).

L'ironia della sorte vuole che quest'opera -caratterizzata prevalentemente da toni chiari e luminosi- finisce nella collezione della famiglia di quel tal santo che spegnerà la luce nell'Arte della scuola milanese.

Come ben sappiano San Carlo Borromeo è stato un personaggio unico nel panorama religioso e culturale nel Nord Italia. Il suo impegno nel contrastare la Riforma è degno del più tenace condottiero. A colpi di Sacri Monti, anatemi e libri si è prodigato affinché i Riformati risultassero meno attraenti agli occhi dei fedeli; scongiurando così una conversione di massa a favore di coloro che protestavano dall'altra parte delle Alpi.

La personalità di San Carlo Borromeo è decisamente complicata ma ancor più intrigante. I suoi rapporti con le donne non erano molto distesi e rilassati, da un lato sembrava quasi provare un odio profondo per il gentil sesso e dall'altro si sa che aveva aiutato ragazze povere a farsi una dote per poter trovare marito ed era estremamente protettivo nei confronti delle proprie sorelle.

Un altro rapporto molto difficile e dai caratteri contrastanti lo ebbe con la cultura.

La spinta che ha fatto in modo che l'agricola e provinciale Milano si trasformasse in un centro internazionalmente riconosciuto per l'industria italiana e per la moda è in parte merito anche della Controriforma e delle strategie culturali attuate da San Carlo Borromeo. Non a caso uno dei simboli a lui attribuiti è un libro; il noto San Carlone di Arona rappresenta nei suoi oltre 30 metri d'altezza il santo che tiene in mano un grande libro.

San Carlo, insieme al cugino Federico, ha intrapreso una serie di cambiamenti che hanno facilitato lo sviluppo della cultura nella capitale lombarda: dall'apertura al pubblico della Biblioteca Ambrosiana, a quella di numerosi seminari fino alle decorazioni del pavimento del Duomo. Questo suo impegno era rivolto soprattutto alla diffusione della cultura in modo più o meno trasversale nella società. Tutti dovevano poter capire e accedere al sapere. Però non in modo personale e libero come avveniva per i Protestanti; il sapere doveva essere sempre e solo filtrato da organi preposti e appositamente preparati che potessero fare da guida: la Chiesa, nelle persone del clero appositamente istruito, ovviamente.

Questa rivoluzione culturale ha presentato un caro prezzo alla fine (anche durante la realizzazione, a dire il vero). Nonostante il reale impegno per la diffusione della cultura abbia permesso un maggior accesso al sapere, non possiamo dimenticare che il libero pensiero è stato pesantemente soffocato e condizionato.

Nella propria mente rigida e dedita al dovere, San Carlo ha visto nell'eccessiva presenza di colori, nelle troppe possibilità di festa e nelle idee nuove che si stavano propagando in Europa un nemico pericoloso.

Così la Pittura lombarda si è fatta via via più scura e ha giocato sempre sui toni caldi della terra abbinati sempre più con il nero: un colore elegante, casto e che sollecita in minor misura i sensi.

Il pensiero di San Carlo, in merito alla vita sociale e all'Arte può essere facilmente riassunto in questo modo: togliendo qualsiasi possibile stimolo non si corre il rischio di commettere peccato.

Tutti i bei colori di Michelangelo Buonarroti, del Perugino, tutta la scuola senese del Duecento e la bellezza dei colori della scuola veneta sono stati soffocati; oppressi da un nero sempre più presente ed opprimente.

Leggere sì, ma sotto la guida di un esperto che può condurti verso la giusta comprensione del testo, questa è stata la risposta del Borromeo alle innovazioni richieste dalla Riforma.

La cultura va spesso di pari passo con la libertà; dall'epoca dei greci ad oggi si invita ad una sempre maggior conoscenza per poter essere veramente liberi. Il caro vecchio Seneca è dal I secolo che ci ripete:

Sii servo del sapere se vuoi essere veramente libero.

Nel periodo della Controriforma questo aspetto basilare della libertà umana non è stato stravolto, si è aggiunto solo un nuovo attore al processo: il sapere doveva essere quello presentato e organizzato dalle autorità competenti.

È in questo ambiente culturale e religioso-politico che la tavolozza di Caravaggio acquisisce quelle tonalità che l'hanno resa celebre in tutto il mondo e che non smette di affascinarci.

All'inizio della sua carriera pittorica, Michelangelo Merisi stringe tra le mani una tavolozza dalle tonalità fortemente orientate verso i colori chiari e luminosi e faceva l'occhiolino ai grandi maestri che l'avevano preceduto, come era giusto che fosse, ovviamente. Nessuno può permettersi il lusso di muovere i primi passi nell'Arte senza appoggiarsi su coloro che l'hanno preceduto e con i quali si prova una certa affinità.

Con il passare del tempo il suo stile si è sempre più definito. Questo è ovviamente un processo più che naturale nell'evoluzione di un artista e con lo stile è cambiato anche l'uso dei colori. Solitamente, i cambiamenti di stile vengono influenzati dal nuovo modo dell'artista di vedere il mondo e di volerlo rappresentare; come abbiamo visto, invece, in questo caso specifico è stata un'imposizione di cambiamento dettato da fattori esterni.

Come abbiamo già detto precedentemente, Caravaggio non era quell'avanzo di taverna che spesso si crede fosse stato. La sua vita era anche quella notturna ma alcune delle sue amicizie vivevano in lussuosi palazzi e si contendevano a colpi di spada e di giochi politici il potere nel mosaico di ducati, repubbliche e regni che era la nostra Italia prima dell'unificazione.

E Caravaggio sapeva destreggiarsi abilmente in questi ambienti. Le idee imperanti in fatto di cultura diventarono anche le sue idee, le necessità espresse dal potere per ammaestrare le masse trovarono in lui un degno divulgatore. Il suo continuo ammiccare ai poteri forti lo porterà a rispettare i loro *diktat*, pur criticandoli, a volte anche molto aspramente.

Ed ecco che la sua tavolozza perde i colori.

Il nero bituminoso, denso e asfissiante, prende il sopravvento nelle sue tele e incontra il benestare dei promotori delle nuove idee politico-religiose. Ma qualcosa di suo lo deve lasciare, è più forte di lui.

Se da un lato il nero impera, dall'altro abbiamo un sostanziale aumento dell'intensità dei colori superstiti. La causa di questi colori sgargianti non sembra essere una scelta consapevole del pittore ma una compensazione necessaria richiesta dalla stessa luce.

Come sempre Caravaggio sa essere irriverente e geniale!

Il nero non è più un castigo; nelle tele caravaggesche è sì pesante, come una materia informe che viene plasmata dall'azione della luce, ma è una presenza che via via diventa sempre più ipnotica e ci ammalia. Se prendiamo il dolce *Amor dormiente* di Palazzo Pitti possiamo renderci conto di questo aspetto.

Il corpo del piccolo Amore addormentato sembra uscire dalla massa nera dello sfondo, viene modellato dalla luce e noi abbiamo la sensazione di sentire tutta la sua corporeità.

Una luce intensa e creatrice.

Un bello spunto per poter pensare a ruota libera, oltre ogni convenzione.

Scena III:
I pezzenti

Una frequentazione abitudinaria e importante nella Pittura di Caravaggio è quella dei poveri, figure che nella Storia dell'Arte sono spesso presenti e che hanno una loro biografia tutta particolare.

Non è difficile immaginare i moti di stizza della *società bene* mentre osservano nelle opere del Caravaggio certe piante dei piedi sporche in primo piano o i vestiti mal rammendati e logori, per non parlare delle mani e dei volti coperti di sporcizia e poco curati.

Chissà poi i commenti quando il pubblico si rese conto di conoscere perfettamente nome e professione della modella defunta che impersonava la Vergine Maria nel quadro che ne immortala il trapasso (di questo caso ne parleremo nel prossimo capitolo).

La presenza della fascia più disagiata della società non è dovuta solo ed esclusivamente alla personale sensibilità del nostro pittore o alla sua voglia di trasgredire ma è parte di un vero e proprio momento storico.

I secoli XVI e XVII sono caratterizzati da una quotidianità fatta anche e soprattutto di povertà. Questi due secoli hanno visto lunghe guerre, epidemie e carestie; non erano anni facili e molte persone sono cadute nella disgrazia più nera.

Questo flagello ha colpito tutta l'Europa e possiamo solo immaginare come abbia segnato la mentalità della società in modo trasversale. Basandoci su dati forniti da alcuni storici possiamo renderci facilmente conto che la situazione non solo era difficile ma rasentava una portata di grandi dimensioni. Infatti, è stato stimato che circa il 20% della popolazione di una città era costituito da mendicanti. Un aumento così esponenziale di poveri era dovuto anche al fatto che molti proprietari terrieri avevano iniziato ad espellere i contadini privandoli delle terre che lavoravano e di conseguenza dell'unica possibilità che avevano di potersi mantenere e di sfamare le proprie famiglie.

Dal nord Europa arrivavano idee molto rigide e dure, che hanno messo in situazioni ancor più complicate le persone che dovevano in qualche modo sopravvivere nonostante le ristrettezze economiche. Prima i poveri si sono visti privati delle loro poche proprietà e poi, nel Seicento, venivano addirittura messi in carcere. Il tutto non poteva portare che ad uno sbocciare della violenza, delle epidemie, dei furti, delle rapine e delle truffe.

Siamo di fronte ad una crisi non solo economica ma anche di sicurezza sociale. Tutta la pittura del Nord Europa è sensibile a questo fenomeno. I maggiori maestri dell'epoca hanno dipinto scene in cui fanno la loro comparsa vagabondi e poveri mendicanti, sempre quando non erano essi stessi i protagonisti principali delle scene.

È in quest'atmosfera sociale che si muove anche la Pittura, tra i nomi più importanti e conosciuti nel panorama artistico di quest'epoca possiamo ricordare il grande Rembrandt mentre tra i meno noti al grande pubblico Adriaen van Ostade, Pieter van der Heyden e Jan Steen.

Ed è in questo ambiente che Caravaggio trova slancio per la sua Arte.

Se prendiamo la sua celeberrima *Madonna dei Pellegrini (o Madonna di Loreto)* -realizzata tra il 1603 e il 1605 e custodita nella Basilica di Sant'Agostino in Campo Marzio a Roma- possiamo capire meglio questo aspetto.

La coppia di pellegrini rappresentata in ginocchio davanti alla Vergine è chiaramente formata da persone estremamente povere. Il quadro oltretutto è molto curioso; la Vergine sembra essersi affacciata alla strada per vedere chi abbia suonato alla porta, come se i due pellegrini fossero passati per salutare o lasciare qualche pubblicazione da leggere.

La scena sembra essere tratta da un film o da una rappresentazione teatrale e come abbiamo già visto, in Caravaggio, nulla è lasciato al caso. La necessità di realismo del maestro lombardo raggiunge livelli tali da non consentirgli neanche di adeguarsi, seppur minimamente, alla tradizione pittorica che ha sempre apprezzato lo sforzo virtuosistico di mascherare la fisionomia dei modelli che si prestavano a posare per la realizzazione delle opere; in tal modo si creava la sensazione che i protagonisti delle opere fossero persone in carne ed ossa, con sembianze reali, anche se appartenevano al mito o alla religione. Il modello scompariva e si trasformava nel vero Bacco e la modella perdeva la sua vera personalità per diventare la Vergine Maria.

Conoscendo Caravaggio, la presenza massiccia di così tanti poveri nelle sue opere non è una semplice coincidenza o un capriccio d'artista. Per capire meglio questa sua tendenza dobbiamo prestare attenzione alla sua biografia, in particolar modo agli ambienti in cui viveva di giorno e a quelli in cui si rifugiava la notte. Se, inoltre, teniamo ben presente il suo carattere così poco avvezzo al conformismo, possiamo ben intuire le motivazioni delle sue scelte.

In una ambiente perbenista e socialmente elevato, che ha deciso di prendere il barocco come stile imperante nell'architettura per nascondere e riempire le mancanze morali ed etiche, la presenza quasi dissacrante della società meno abbiente è da intendersi come una critica alla società stessa, una critica dal sapore quasi giullaresco.

Sin dall'epoca medioevale, il giullare era l'unica persona abilitata in tutta la corte a potersi permettere di criticare e deridere -sempre con i dovuti modi- il potere, rappresentato dalle massime cariche locali in su, fino al re. Le sue critiche non venivano mai prese troppo sul serio, anche se erano basate su comprovate verità, e portavano il pubblico a ridere di sé stesso, riflettendo.

Partiamo dal presupposto che il genio di Caravaggio sia decisamente ingombrante. Il suo atteggiamento è quello della *rockstar*, di notte lo troviamo intento a vivere nel modo più intenso e sopra le righe possibile mentre di giorno ogni occasione è buona per rompere qualcosa o qualcuno.

Questo suo atteggiamento si rispecchia fedelmente anche nella sua Arte; così vediamo Vergini che sembrano massaie sulla porta di casa o impersonate (inconsapevolmente) da prostitute sul tavolo della loro stessa veglia funebre. Per non parlare dei piedi sporchi a cui abbiamo già fatto riferimento; pensiamo agli scossoni che queste immagini devono aver creato nel pubblico dell'epoca, facendo gridare alla blasfemia e suscitando dissensi.

Prima di continuare, a questo punto, una breve postilla è d'obbligo: la correttezza impone che nessuno metta in bocca a Caravaggio parole che forse non ha mai pronunciato o attribuirgli pensieri non suoi; a onor di cronaca troppi pensatori, storici e critici si convincono a tal punto delle proprie idee da attribuirle direttamente al pensiero di un artista.

Ritorniamo a Caravaggio.

Personalmente credo che queste sue decisioni stilistiche e l'impiego di certi soggetti fossero prevalentemente un modo per andare contro al perbenismo e al pensiero vecchia maniera che imperava (e continua a dettar legge, ancora oggi) presso il pubblico nostrano.

Dalla prima pennellata all'ultima, Michelangelo Merisi ha voluto imporre la sua presenza, rompendo il classicismo imperante nelle mentalità dei suoi contemporanei. Ecco perché dovremmo pensare, a mio avviso, che le sue prostitute e i suoi poveri altro non siano elementi dello stile proprio del provocatore più esteta dell'intera Storia dell'Arte.

Le sue provocazioni dovrebbero essere considerate come tali. Chi vuole vedere un messaggio sociale, e addirittura teologico, nelle sue tele credo corra il rischio di commettere un grande errore. Caravaggio sarà fuori dagli schemi sino alla fine e le sue opere devono essere osservate proprio così, con una visione fuori dagli schemi, e di conseguenza l'interpretazione da perseguire non può essere delimitata dai canoni classici. "Fuori dagli schemi" dovrebbe essere la chiave di lettura da usare per entrare in contatto con questo eccelso maestro.

La presentazione al pubblico di una sua opera deve essere stata qualcosa di veramente simpatico. Il pubblico: ricchi parrucconi, pieni di merletti e con i capelli in ordine, con movenze che trasmettevano tutta la loro superiorità sociale osservavano in estasi delle tele ben pagate. I soggetti: le persone che i benestanti per la strada evitavano come la peste, magari portandosi un fazzoletto al naso per non respirare l'aria appestata che li disgustava tanto.

Immedesimandosi in questa situazione, forse, possiamo capire tutta la carica artistica e di rottura del maestro lombardo.

E anche se solo in parte, possiamo divertirci insieme a lui.

Scena IV:
Quella Vergine che tutti conoscevano

Tra le tante opere di Caravaggio, ce n'è una molto simpatica; non tanto per la scena raccontata quanto per le scelte del nostro pittore.

Prima che spunti la solita polemica: l'opera non è stata rubata ma regolarmente acquistata.

Il quadro fu commissionato dai Carmelitani Scalzi che dopo averlo visto terminato lo rifiutarono, e tutto sommato non dovremmo essere molto sorpresi per questo fatto. Ciò che ci può permettere di iniziare ad intuire il suo valore artistico, però, è il fatto che la comprò l'illuminato Duca di Mantova -corte da sempre attenta alla cultura e alle novità artistiche- su segnalazione di quel Rubens che tutti noi conosciamo per essere un eminente pittore e anche un bravo diplomatico.

La corte dei Gonzaga, come ben sappiamo, era abbastanza dispendiosa e le finanze spesso si assestavano sul segno negativo. Per poter pareggiare i bilanci, i Duchi si trovarono costretti ad alienare la loro fantastica collezione che fu acquisita da Carlo I d'Inghilterra. Alla morte del sovrano, si decise di vendere una cospicua parte della sua collezione che fu acquista da Everhard Jabach, un facoltoso banchiere francese, che successivamente decise di cedere il tutto a Luigi XIV di Francia; fra i quadri di questa collezione si trovava ovviamente la nostra Morte della Vergine.

Dopo tanto peregrinare il quadro venne appeso alle pareti del Louvre dove ancora oggi riposa.

Torniamo ora alla rinuncia da parte dei Carmelitani Scalzi, dopo essersi ripresi dallo shock a seguito della visione del quadro.

Innanzitutto, dobbiamo renderci conto che il tema è estremamente delicato. Nei vangeli canonici non viene mai citata la morte della Vergine, per quello che possiamo sapere si sarebbe profondamente addormentata e sarebbe stata portata direttamente, anima e corpo, in cielo. Quindi, tecnicamente, alla Vergine viene risparmiato il trapasso e la successiva attesa del Giudizio (personale e universale) come spetterà a tutti noi comuni mortali.

Caravaggio non perde l'occasione di creare scandalo.

Nella sua opera ha deciso di mostrarci la Vergine bella che morta e giusto per dimostrarci tutta la sua intenzione il titolo riporta ben chiara la parola morte. Caravaggio, così facendo, sconfina nei vangeli apocrifi, che per molti membri del clero controriformato sono un po' uno spauracchio.

Il Merisi sceglie di rappresentare una morte umana, modellata da una densa luce d'angoscia esistenziale e da una nostalgia lugubre.

Longhi, in merito a questo quadro, scrive:

> *...l'angoscia di questi astanti prende senso e autorità infinita dal chiarore devastante che, irrompendo da sinistra nella cerchia di colori già stranamente fiammanti e pur combattendo con tutte le specie dell'ombra, soste per un attimo sul viso arrovesciato della Madonna morta, sulle calvizie lunate, sui colli pulsanti, sulle mani disfatte degli apostoli; fende di traverso il viso dolente di Giovanni; fa della Maddalena seduta un solo massello luminoso; della sua mano sul ginocchio un grumo solo di luce rappresa.*

Quello che ancor più destabilizza è che i simboli mistici sono quasi del tutto assenti, dando l'impressione che si sia di fronte ad una scena comune e non ad una rappresentazione che coinvolga la divinità. Solo osservando con attenzione i personaggi, ci possiamo accorgere che la Vergine è caratterizzata da una sottilissima e quasi impercettibile aureola.

In un'epoca in cui il pubblico (di qualsiasi estrazione sociale fosse) prestava molta attenzione all'interpretazione dei simboli perché erano un importante canale di trasmissione di informazioni, questi dettagli non passavano certo inosservati.

Tanta trasgressione non poteva che creare dei problemi al nostro Caravaggio. Ovviamente, la tela fu rimossa, non poteva rimanere in un luogo sacro a suggerire idee scandalose e fu sostituita da un soggetto uguale ma più ortodosso firmato da Carlo Saraceni, un pittore veneziano che non è riuscito ad infondere un minimo di scandalo neanche nella sua scena più erotica tra *Marte e Venere* oggi al Thyssen-Bornemisza di Madrid.

La situazione viene poi aggravata, tanto per cambiare, dal suo carattere e così il pittore è costretto in fretta e furia a fare i bagagli e scappare da Roma; fu quando durante una delle sue solite litigate per motivi più o meno futili uccise Ranuccio Tommasoni.

Questo quadro è un tripudio di sconvenienza, se torniamo ad osservarlo con attenzione possiamo renderci conto che anche la sua ambientazione ha qualcosa di sconveniente.

Tradizionalmente, siamo abituati a vedere la Vergine, viva e vegeta, che viene sollevata da terra da alcuni angeli e portata verso l'alto. È decisamente il modo migliore per trasmettere l'idea di una *dormitio*, il sonno profondo, e non di una ipotetica morte umana. In alcuni casi, gli apostoli sono in silenzioso rispetto davanti ad una tomba vuota o piena di fiori (simbolo di rinascita).

Caravaggio dipinge gli apostoli attorno al tavolo funebre in profondo cordoglio. La scena è (ovviamente) scura, il drappo rosso aumenta la sensazione funesta e di dolore. Il corpo esanime della Vergine è appoggiato su un tavolo che all'occorrenza è stato ammorbidito da quello che sembra essere un voluminoso cuscino o dei tessuti ripiegati.

L'immagine richiama volutamente e chiaramente le veglie funebri che venivano celebrate dalle persone comuni nelle osterie o nelle taverne, alle quali, molto probabilmente, Caravaggio aveva assistito, non poche volte.

Il vestito rosso della Vergine è un altro bel punto di domanda.

Di tutti i colori mariani che potevano essere usati per identificare il personaggio, il maestro lombardo ne ha scelto uno che non è proprio molto tradizionale, diciamo.

Se con un piccolo sforzo d'immaginazione ci trasportiamo al momento in cui l'opera fu svelata agli occhi del pubblico, non dovrebbe essere difficile vedere le bocche aperte per lo stupore e gli occhi sgranati per l'incredulità. In parte, anche, per la bellezza dell'opera ma soprattutto perché quella Vergine molti la conoscevano per nome (forse cognome) e professione. Infatti, secondo alcuni storici, la donna rappresentata nelle fattezze della Vergine era una nota prostituta romana trovata affogata nel Tevere. Altri, invece, forse spinti dal forte rispetto per un soggetto simile vogliono riconoscere nelle fattezze della Vergine quelle di Lena, la modella di Caravaggio, che di professione (comunque) era cortigiana.

La teoria del cadavere ritrovato nel fiume dovrebbe avere una maggiore credibilità, dal momento che sarebbe testimoniata e provata dal sospetto rigonfiamento del ventre della donna.

L'interpretazione dell'opera e dei simboli "nascosti" dal pittore nelle sue tele da sempre ha causato uno scorrere incessante di inchiostro, a volte anche inutilmente. Tutti dicono la loro e molti sono depositari di una verità illuminante, che però lascia alquanto a desiderare a volte.

Se partiamo dalla presenza del grande drappo rosso che chiude la scena, sentiamo l'eco delle parole sipario e teatro. Per l'ennesima volta siamo di fronte alla concezione caravaggesca della rappresentazione in Pittura come scena teatrale.

Dando per certo che il tavolaccio sia quello di un'osteria, che la donna sia una prostituta annegata nel Tevere e che la Maddalena sia stata chiamata come comparsa per espressa volontà del regista, dal momento che la presenza di quest'ultima non è contemplata nella normale iconografia cristiana, viene da chiedersi come poter interpretare questo quadro?

Nonostante il suo spiccato senso ribelle, pare troppo esagerato pensare alla blasfemia; sarà stato anche un ragazzaccio di buona famiglia che si divertiva a creare disastri a destra e a manca ma credo sia un po' fuori luogo pensare che Caravaggio volesse mancare di rispetto alla figura della Vergine. Se non altro per calcoli di tipo più commerciale se non proprio per un innato rispetto del divino.

La soluzione dell'enigma potrebbe essere un po' più semplice.

In questa epoca, come abbiamo visto, si promuove la morigeratezza dei costumi e si inizia a non vedere più di buon occhio il lusso. Addirittura le leggende vogliono che San Carlo Borromeo e il cugino Federico vivessero in povertà per dare il buon esempio; mi permetto di usare la parola leggende perché la corrispondenza con la famiglia mostra un San Carlo attento all'immagine e ai vestiti che dovevano essere cambiati se logori o in non ottime condizioni.

Ritorniamo alla nostra storia, ricordandoci che la parola d'ordine per la società dell'epoca era semplicità e morigeratezza. Michelangelo Merisi riceve la commissione per un quadro che abbia come soggetto la *dormitio* della Vergine.

Realizzando l'opera, viene folgorato da una idea: dipingere la scena in un luogo molto semplice e povero. Prende, probabilmente, spunto da un ricordo: una veglia funebre a cui aveva assistito qualche giorno prima.

Che la defunta fosse una prostituta poco importa al regista, l'attore in scena perde la sua biografia e diventa solo ed esclusivamente il personaggio a cui deve infondere vita con la sua presenza scenica.

Sovversivo sì, ma senza esagerare troppo arrivando alla blasfemia.

La figura della Maddalena?

Anche se non se ne parla iconograficamente, il regista ha reputato giusto che ci fosse, per una maggior completezza e per l'equilibro visivo (e concettuale) sul palcoscenico.

Scena V:
Un po' di gossip

A volte, anche troppo spesso, sembra che l'Arte in cui meglio si destreggi il pubblico (e qualche sedicente storico) sia quella del *gossip*.
Vediamo come questa, a volte discutibile pratica, possa condizionare il modo in cui osserviamo l'Arte.
Tra gli addetti ai lavori esistono due importanti filoni di pensiero. C'è chi vede nella biografia di un artista un elemento indispensabile per poter comprendere la sua vita artistica e chi, invece, demonizza la vita biografica perché potrebbe inutilmente soffocare il pensiero e l'unicità dell'artista.

Secondo un adagio che si perde, ormai, nella notte dei tempi la verità sta nel mezzo.

Credo fermamente che conoscere la biografia di un artista sia indispensabile per il periodo che intercorre dall'epoca moderna sino a noi e che sia ininfluente nel caso di molti artisti dall'epoca moderna risalendo sino al Paleolitico.

Quando l'artista scompare dietro al velo del soggetto da rappresentare e delle interpretazioni storiche, teologiche e sociali che altri gli commissionano possiamo tranquillamente far a meno di sapere cosa mangiasse o che musica ascoltasse.

Parlando, invece, di artisti che mettono in gioco il loro pensiero e che riescono nel bene o nel male a tradurre un loro punto di vista personale in un'opera, con o senza commissione, credo sia molto importante conoscerne il pensiero e la vita; mancherebbero, altrimenti, dei dati importanti per capire le scelte artistiche.

Il giudizio personale nei confronti della vita privata di un artista è tutt'altra cosa. Un artista non dovrebbe mai essere stigmatizzato per le scelte nella propria vita, e non dovrebbero neanche essere riportate nelle pagine di interpretazione o critica artistica.

Michelangelo Merisi era l'uomo e potrebbe essere giudicato per le scelte di vita; sempre che abbia una qualche utilità e che spetti a noi giudicarlo. Caravaggio è l'artista e come tale deve essere considerato, completamente scisso dal suo *alter ego* Merisi.

Caravaggio non può essere giudicato per il suo *Amor vincit omnia*; in merito allo stile di vita del Merisi invece se ne può discutere e parlare, sempre che non si abbia nulla di meglio da fare.

Il quadro citato è tra i massimi capolavori del pittore ed è difficile trovare qualcuno che non lo apprezzi o che non ne rimanga estasiato.

Vediamo di conoscere un po' meglio la storia di questa magnifica opera conservata oggi alla *Gemäldegalerie* (Galleria di pittura, in tedesco) di Berlino.

Il titolo dell'opera è una locuzione latina italianizzata che può essere tradotta con *"L'amore vince su ogni cosa"* del celeberrimo Publio Virgilio Marone, più noto semplicemente come Virgilio. Le parole esatte del verso del poeta di Mantova sarebbero

Omnia vincit amor et nos cedamus amori.

Il nostro

Amor vincit omnia

ricalca un po' la costruzione italiana che vuole si inizi la frase con il soggetto, in questo il latino dà molta più libertà, ma di per sé il significato non cambia.

Come spesso capita nel completare il catalogo di un pittore, non è facile avere un'indicazione precisa dell'anno di realizzazione del dipinto. Gli studiosi devono quindi aguzzare la vista, captare sulla tela ogni minima sfumatura e dettaglio che possa dare un'indicazione per poter datare l'opera. Spesso le datazioni vengono decise in base allo sviluppo dello stile dell'artista o all'uso di determinati colori.

Oppure, basta leggere dei libri.

Prendendo in mano tre madrigali scritti nel 1603 da Gaspare Murtola (poeta nato a Genova attorno al 1570 e morto a Tarquinia nel 1624) possiamo trovare dei riferimenti chiari ed espliciti all'opera di Caravaggio. Altri riferimenti vengono fatti durante il processo, sempre nel 1603, intentato dal povero Giovanni Baglione contro Caravaggio e i suoi amici. Durante il processo si fa presente che il Baglione aveva realizzato un quadro che rappresentava un

amor devino

e che fosse una sorta di concorrente di un

amor terreno

realizzato da Caravaggio.

Il quadro del maestro lombardo fu commissionato dal marchese Vincenzo Giustiani che lo pagò 300 scudi. L'ironia della sorte vuole che il fratello del marchese, Benedetto, si sia rivolto al Baglione, che per lui realizzerà il quadro concorrente.

Anche la collezione della famiglia Giustiniani venne dispersa e venduta, come accadde a molte collezioni famose ed importanti. L'*Amor vincit omnia* fu acquistato dal Kaiser

Friedrich Museum di Berlino; ecco perché si trova oggi in territorio teutonico.

Non dobbiamo dimenticare che durante il processo il tema del quadro venne definito

amor terreno

un aspetto non trascurabile.

In un non-luogo, caratteristica saliente dell'opera di Caravaggio, troviamo la figura di un giovane Amore nudo. L'ambientazione può tranquillamente definirsi un non-luogo perché il pittore si impegna a togliere tutte le possibili connotazioni spaziali e temporali dalla scena: non è ben chiaro se si tratti di una scena notturna, diurna o in una fase intermedia e non è neanche ben definito se si tratti di un interno o di un esterno.

Quello che è certo è che Amore divide il palcoscenico del quadro con l'immancabile luce che sapientemente illumina e crea profondità e rotondità fotografiche.

L'interpretazione più intensa dell'opera del maestro milanese è poetica: l'Amore, con le sue frecce, riesce ad avere la meglio su qualsiasi Arte (rappresentata dagli strumenti musicali e di calcolo geometrico) e su qualsiasi forma di potere umano (l'armatura e la corona).

La fattura delle ali è incredibile. Le penne hanno una consistenza che rasenta l'iperrealismo e le piume non invidiano la morbidezza di quelle vere.

Il corpo di Amore sembra di vera carne, le rotondità create dalla luce e le pieghe dovute alla posizione del corpo vogliono suggerirci -e ci riescono davvero molto bene- che siamo di fronte ad una persona vera, in carne e ossa, e non ad un'idea.

Lo sguardo di Amore è quello di un ragazzino sicuro di sé e consapevole di quello che può rappresentare per il pittore.

Di questo giovane modello conosciamo anche il nome: Francesco Boneri.

Di lui ce ne parla il viaggiatore e critico Richard Symons che nel 1650 scrisse un *Diario* (il titolo dell'opera in lingua originale è *Diary*) in cui ci presenta informazioni che raccolse durante un suo viaggio in Italia. Nel suo libro Symons oltre a riportare che il Caravaggio aveva dipinto in diversi quadri il ragazzino dice anche che

era il suo ragazzo

e ribadisce il concetto dopo qualche frase ricordando che

era il suo ragazzo o servitore che giaceva con lui.

Il critico inglese non ebbe mai modo di poter parlare con il diretto interessato, ovviamente, quindi si limitò a raccogliere voci del paese.

Molti vogliono vedere nella figura di Amore, invece, quella di uno degli allievi di Caravaggio semplicemente prestatosi per la posa.

Alcuni documenti però potrebbero confermare quanto detto da Symons nel suo diario. Infatti, la convivenza tra il maestro milanese e il suo servo-allievo è confermata in un censimento parrocchiale del 1605 in cui è possibile leggere che i due dividevano una stanza.

Molti studiosi inglesi, tra i quali anche l'eminente Freelberg, sostengono e difendono la tesi che Caravaggio avesse una relazione con il giovane Checco (così lo chiamavano in paese).

I critici italiani, soprattutto quelli di area più cattolica, da sempre rifiutano questa possibilità che sconfina nell'omoerotismo e vogliono vedere in Amore un simbolo della resurrezione, della vittoria e del trionfo.

Ora, fermo restando, che giudicare legalmente oggi Caravaggio per una sua relazione con un giovane ragazzino non ha molto senso; così come non l'avrebbe giudicare il mondo greco-romano per questa antica abitudine (allora cosa dovremmo dire di Adriano e del suo amato Antinoo?); dobbiamo essere chiari con noi stessi e prendere una decisione su come considerare quest'opera.

Dare all'*Amor vincit omnia* una chiave di lettura cristiana o omoerotica -che sconfina nella pedofilia- deve dipendere solo ed esclusivamente dalla sensibilità di chi guarda l'opera. Ognuno di noi può e deve guardare il quadro con una predisposizione personale e leggerlo secondo il proprio pensiero.

E come tale deve essere presentato.

L'interpretazione personale e i sentimenti suscitati dalle opere non devono mai essere spacciati per quelli dell'artista ma si deve sempre ricordare che appartengano a noi e come tali non devono mai essere imposti agli altri come se fossero la verità assoluta.

Sarebbe come desiderare che tutti si uniformassero ad un pensiero unico; che noia!

Sinceramente, credo che sapere quale sia la vera chiave di lettura delle opere non è così indispensabile ai fini della visione e del godimento di un quadro.

Ritornando alla nostra opera, se provassimo a leggerla in modo omoerotico prima e più "cattolico" successivamente, noteremo che in nessuno dei due casi l'opera perde il suo smalto, la sua bellezza e la sua identità.

Siccome l'Arte non deve per forza essere morale, non è giusto giudicarla secondo l'etica e la moralità. Va vissuta per quello che è, nella più totale libertà di pensiero.

La moralità e l'etica che appartengono al nostro vivere non verranno meno per colpa di un quadro. Dobbiamo anche ricordare che queste due importanti componenti della mentalità umana mutano nel corso dei secoli e non è sempre possibile giudicare il passato senza prendere in considerazione questi cambiamenti epocali nel pensiero della società.

Un racconto tragico è però leggibile in quest'opera così affascinante.

Tutto quello che possiamo realizzare nella nostra vita è fugace e destinato a sgretolarsi. Arti, costruzioni, guerre e imperi rimarranno senza vita e sostanza ai piedi di un essere vero ed eterno come *Amor*.

Scena VI:
La quadratura del cerchio

Ancora oggi, uno dei più curiosi aspetti dell'Arte di Caravaggio è quello dell'interpretazione e della spiegazione delle sue opere.

Oggi l'Arte ci spinge a non dover capire a tutti i costi la tela ma a sentirla e percepirne la forza. In epoca classica, invece, l'Arte era serva dell'ideologia imperante sia da un punto di vista politico sia religioso (e troppo spesso, non dimentichiamolo, i due aspetti coincidevano).

L'Arte è stata il canale di comunicazione preferito del potere per molti secoli, è normale che ancora oggi tentiamo di leggerla secondo la vecchia scuola e non ci lasciamo trasportare, invece, dalle sensazioni che vengono suscitate. Poco importa se non siano quelle proprie dell'autore. L'Arte, quando è vera, vuole essere universale e quindi è aperta a diverse interpretazioni, ovviamente.

Interpretare le scelte pittoriche di Caravaggio non è impossibile ma è estremamente difficile. Essendo sostanzialmente un ragazzaccio della Pittura non si è mai preoccupato di scrivere il suo pensiero e le motivazioni della sua espressione artistica, che oggi sarebbero state essenziali per poter leggere alcune sue opere.

Caravaggio è tra i primi pittori a mettere in evidenza la presenza dell'artista nelle opere. Il pubblico, quello della sua epoca ma anche quello della nostra, dovrebbe iniziare ad osservare le sue opere ricordandosi che dietro al pennello c'era un artista. E che questo artista ha voluto lasciarci la sua visione del mondo.

Una delle maggiori forzature, a mio avviso, subita riguarda la celeberrima *Canestra di frutta*.

Una natura morta come molte altre, se vogliano, ma con aspetti innovativi davvero unici nella Storia dell'Arte.

Siamo di fronte, forse, ad una delle prime opere metafisiche della Pittura. La canestra si trova in un non-luogo; non è possibile dire con certezza dove ci si trovi: una cantina, una cucina, all'aperto o in una stanza luminosa? Ci troviamo in una situazione in cui il tempo non esiste: la luce che illumina la canestra è uniforme, quasi come se provenisse da un riflettore, e non è facile dire in quale momento del giorno ci si trovi.

Queste due caratteristiche rendono l'opera universale; va bene per qualsiasi luogo e tempo. L'opera va vissuta senza pregiudizio alcuno legato a due delle condizioni salienti della finitezza umana: il dove e il quando. Siamo di fronte ad un'opera universale e come tale va vissuta.

Se possibile, per gli amanti della musica, andrebbe ascoltata come se fosse una fuga di Bach.

La musica del grande maestro tedesco, uno dei grandi padri della Musica, è stata scritta per la Musica stessa. Essa non ha un concetto vero e proprio da esprimere, non ha un'ideologia da appoggiare. È una Musica da ascoltare, da apprezzare per come si presenta e per come la percepiamo e null'altro.

Con la stessa concezione che abbiamo appena applicato alla musica di Bach, osserviamo ora la *Canestra di Frutta*. Non ha nulla da dire se non la sua stessa bellezza. Bella, quasi fotografica, incredibile; credo che sia già un valore senza pari.

La cesta dà l'idea di essere reale, si prova la sensazione di poterla afferrare e sollevare dal ripiano su cui appoggia. Il tutto è dovuto al colpo di genio avuto da Caravaggio nel dipingere la base della cesta non perfettamente appoggiata sul ripiano. Una parte, quella verso di noi, esce dal limite del ripiano per qualche centimetro, riproducendo la realtà in modo impressionante. D'altronde non tutte le mensole sono state progettate per ospitare alla perfezione una canestra.

A noi spetta il difficile compito di rimanere davanti alla grandezza dell'opera e osservarla, se farlo in silenzio o meno spetta a noi deciderlo.

La vera interpretazione dell'opera, sempre che esista, è quella presente nella testa del pittore (sempre che l'autore avesse avuto un'idea precisa dipingendola!). Se osservando un'opera proviamo delle sensazioni che ci fanno nascere delle idee e delle suggestioni che possono poi sfociare in possibili interpretazioni dell'opera, dobbiamo sempre e solo ricordarci che quelle saranno sempre e solo nostre idee personali.

Sembra un concetto semplice e magari anche scontato. Eppure non è sempre facile evitare di mettere in bocca ad un artista le nostre parole.

Anche i più illustri esperti d'Arte possono lasciarsi prendere la mano ed esagerare un po' troppo con l'interpretazione.

Un noto scrittore, giornalista e critico d'Arte e d'Architettura dalle colonne di un quotidiano nazionale ha attribuito alla *Canestra di frutta* un significato addirittura cristologico. Incredibilmente, chi firma l'articolo riconosce dentro la canestra Cristo stesso.

Questa sua interpretazione è data dal fatto che nel Cinquecento, l'Eucarestia era considerata *"Charitas"* e *"Fructus"*. Secondo, addirittura, il Concilio di Trento Cristo è frutto di Dio dato agli uomini attraverso il sacramento dell'Eucarestia.

La regola, e qui non dobbiamo considerarla una possibilità, per leggere l'opera di Caravaggio è quella di usare la predicazione del tempo come grammatica di base; in particolare ci si rifà alla predicazione di San Carlo Borromeo del 12 giugno 1583:

> *ciò che per primitiva Chiesa era Cristo è per noi l'Eucarestia; anzi la sua forza è la medesima, e voi ricevereste gli stessi frutti.*

Personalmente, la reputo una forzatura eccessiva.

Non dobbiamo escludere però di essere di fronte ad una interpretazione possibile e per chi ha particolari necessità religiose anche plausibile; farla passare per il pensiero di Caravaggio mi sembra un po' azzardato, oltre che scorretto. Un'interpretazione simile viene offerta anche per il *Suonatore di Liuto* custodito nelle opulente sale dell'Ermitage.

Secondo una lettura molto azzardata il giovane musicista dovrebbe essere inteso come lo sposo del Cantico dei Cantici.

Tanta purezza e poesia sono senza dubbio curiose; soprattutto se pensiamo al fatto che stiamo parlando dell'artista che ha deciso di riprodurre il funerale di una prostituta facendolo diventare quello della madre di Cristo, che tra le molte caratteristiche ha la verginità a differenza di una prostituta.

Se continuiamo a dar spazio a queste interpretazioni forzate, corriamo il rischio di creare un caso simile alla snaturalizzazione subita da *Il Ritorno del Figliol Prodigo* del povero Rubens. Secondo un'interpretazione, ovviamente di parte, si vuole vedere nelle mani del padre quelle di un Dio che è sia madre sia padre (infatti una mano è più definita e affusolata mentre l'altra è più grande e ruvida); ciò che non prende in considerazione questa chiave di lettura dell'opera è che il pittore ha molto probabilmente realizzato in quel modo le mani a causa di un problema oculare che non gli permetteva di mettere bene a fuoco la profondità.

Il pubblico, più o meno erudito e autorevole, ha tutto il diritto di vivere l'Arte seguendo la propria sensibilità; senza dimenticare di rimarcare che è il proprio pensiero e non quello del suo creatore.

La *Canestra di frutta* è una bellissima natura morta dal forte carattere innovativo, e come tale andrebbe letta e vissuta. Tutto il resto sono solo piacevoli elucubrazioni mentali e culturali che è giusto divulgare con rispetto, anche perché possono arricchire senza dubbio il pubblico ma non aggiungono né tolgono nulla di significativo all'opera.

Una delle necessità maggiori degli esseri umani è quella di capire qualsiasi cosa e di ridurre il più possibile al facilmente comprensibile. Così, un po' come si gioca con le nuvole quando si vogliono vedere immagini che non esistono davvero, con l'Arte si applicano le stesse regole.

Sembra proprio che se non si riesce ad avere una spiegazione logica si sia disposti ad inventarsela di sana pianta.

Se qualcosa non ha un senso o un perché, sembra non avere neanche un valore. Nell'Arte questa regola non vale, non che nella Vita debba essere così, invece.

Tutto diventa lecito pur di avere un significato.

Molti sono arrivati al punto di convincersi che la propria interpretazione personale sia la Verità assoluta, purtroppo, e queste idee si nascondono tra le pieghe della realtà storica ed è sempre più difficile riconoscerle.

L'interpretazione non è un valore assoluto in generale ma è una verità personale e come tale dovrebbe rimanere. Non dimentichiamoci che solo le opere con molteplici interpretazioni possibili e logiche sono vere opere d'Arte.

Scena VII:
L'influenza del Potere

Molte opere di Caravaggio hanno l'ardire di presentarsi come un grido contro il Potere, inteso in tutte le sue forme e sfaccettature. Eppure, per quanto si tenti di combattere il Potere costituito, di ridimensionarlo in qualche modo e di metterlo in ridicolo, è difficile mettersi in salvo e sfuggire alla sua perenne sete di vendetta nei confronti di chi, in qualche modo, tenti di osteggiarlo.

Per quanto protetto, anche Caravaggio è stato fagocitato dallo stesso mostro che ha tentato di distruggere.

Il rapporto tra l'Arte e il Potere è molto più stretto ed intimo di quanto effettivamente si sia disposti ad accettare a volte. In un periodo più classico delle Arti, l'influsso della religione era di vitale importanza non solo per le commissioni ma anche per la presenza sul mercato. La stragrande maggioranza delle richieste di opere d'Arte, in effetti, era di stampo religioso e gli artisti (che assolvevano più che altro il ruolo di lavoratori altamente specializzati) dovevano semplicemente utilizzare la loro tecnica artistica appresa e il proprio linguaggio pittorico (propriamente detto stile) per raccontare le storie della Bibbia o della biografia di un santo.

Nel caso si trattasse di Potere politico, invece, al Pittore non veniva chiesto di pensare molto, poteva non preoccuparsi di esprimere la propria etica o la propria visione del mondo ma doveva dedicarsi ad una pratica ben più semplice (se posso permettermi, forse anche ben più superficiale): idealizzare il rappresentante del Potere o lo Stato.

Alle origini, quando iniziò a muovere i suoi primi passi, l'Arte assolveva prevalentemente la sua funzione apotropaica per eccellenza: essere di buon auspicio per la caccia e la sopravvivenza, oltre alla necessità di poter dimostrare oltre lo spazio e il tempo la propria esistenza. A tal proposito è davvero commovente la mano realizzata sulla parete di una grotta, come a voler dire: "io c'ero ed ero proprio io". Alcune abitudini sono rimaste invariate nel corso della Storia umana, una di queste è sollevare la mano aperta per far sapere di esserci, come durante l'appello a scuola.

Ad un certo punto della Storia, l'Arte diventa un mestiere e come tale viene retribuito. Siamo ancora lontani dall'indipendenza economica degli artisti che è una caratteristica dei nostri giorni. Le disponibilità economiche per pagare la realizzazione delle opere e per mantenere l'artista stesso erano la peculiarità di pochi soggetti nella società dell'epoca. Così, le maggiori commissioni erano di carattere religioso -il Vaticano e i suoi maggiori rappresentati hanno sempre goduto di mezzi economici sostanziosi- o politico (con un occhio di riguardo alla monarchia e ai suoi vari rappresentati maggiori o minori).

La vita dell'artista non era eccessivamente complicata da un punto di vista dei concetti; una volta che si era acquisita una buona capacità tecnica e si conoscevano i giusti simboli da inserire per favorire l'interpretazione da parte di un pubblico indottrinato, il grosso del lavoro era già fatto. Redenzione o castigo eterno, benessere o potenza dello Stato tutto era stato codificato e i simboli ritornavano simili a sé stessi nelle varie opere.

Un primo avviso di cambiamento lo abbiamo con l'artista che forse meno di chiunque altro nel panorama artistico è stato un innovatore e ha creato una spaccatura con il passato: Raffaello.

Verso il 1513-1514 il maestro di Urbino realizza la *Madonna sistina*, uno dei suoi capolavori assoluti oggi conservato alla *Gemäldegalerie* di Dresda. Il celeberrimo quadro è stato consacrato alla conoscenza del pubblico per il famoso particolare della coppia di angioletti un po' annoiati e un po' svogliati che sono stati riprodotti con una certa frequenza su oggetti di abbigliamento e scatole di cioccolatini.

Quest'opera, tolta la patina simpatica degli angioletti, che comunque la dicono lunga sullo spirito con il quale è stata realizzata, ha un carattere fortemente dissacrante ed è decisamente fuori dagli schemi.

Se iniziamo a leggere l'opera proprio dalla coppia di angioletti, ci possiamo rendere conto che essi si trovino su un palcoscenico. Le braccia dei piccoli appoggiano sulle assi di legno di un palco. Alzando il nostro sguardo verso la Madonna, incontriamo un'apparizione che sembra rispettare tutti i canoni visivi: il vento che gonfia il velo, la nuvoletta sotto i piedi della donna e due santi ai suoi lati.

Osservando più attentamente, viene da porsi delle domande: perché il palco? Perché il bastone probabilmente di ferro leggermente incurvato? Perché il sipario verde?

Forse che Raffaello sia stato colpito da un attacco di ribellione o di forte satira nei confronti di quella religione che è sempre stata la sua miglior cliente?

Si ha proprio l'idea che Raffaello Sanzio abbia voluto quasi suggerire che tutte quelle credenze su apparizioni, assunzioni e sacre conversazioni non fossero molto diverse da una bella rappresentazione teatrale di stampo popolare.

Che sia stata la rappresentazione della critica popolare e giullaresca delle compagnie teatrali che proponevano i loro spettacoli a volte dissacranti nelle piazze italiane o uno dei primi tentativi da parte di un artista di far conoscere il suo proprio pensiero personale, che in questo caso è lontano dai dettami dell'istituzione religiosa?

In modo molto cinico, permettetemi di dirvi che l'affare Raffaello che si potrebbe creare non è così interessante in questo momento.

È molto interessante legare questo probabile primo tentativo di mostrare la propria voce in un'opera che è stata accettata anche dal Potere. Ma come sempre accade nella Storia dell'Arte, Raffaello non è mai stato il primo ad avere avuto un'idea.

Se torniamo indietro nel tempo di una cinquantina d'anni (più precisamente tra il 1460 e il 1469), incontriamo Antonello da Messina che ha realizzato la sua *Madonna Salting* oggi conservata alla *National Gallery* di Londra. Un bel quadro con un'eco nordica in cui possiamo osservare una Vergine che tiene in braccio il Figlio e due angeli che porgono una bellissima corona dal sapore fiammingo sul capo della donna. Gli angeli sembrano volerci svelare un segreto. Se osserviamo con attenzione le loro ali, possiamo notare che non hanno caratteristiche canoniche. Sembrano fissate con degli spilloni, apparentemente non hanno penne o piume e sembrano di carta.

Sembra quasi che Antonello da Messina voglia suggerirci che gli angeli sono dotati di ali solo per una nostra necessità scenica o di rappresentazione. Il loro sembra un costume teatrale di un costumista alle prime armi.

È difficile non pensare di essere di fronte ad una frecciatina artistica nei confronti del pensiero comune, che vuole gli angeli (esseri spirituali) dotati di ali (un mezzo fisico e meccanico) per poter volare. Lo stesso pensiero l'ha proposto in modo più velato anche Michelangelo (Buonarroti) che ha deciso di rappresentare gli angeli nell'atto di volare e senza ali.

Caravaggio ha un carattere più irruento e adora essere irriverente; ecco il perché delle prostitute e degli amanti realizzati come l'unico vero, puro e sacro amore.

La sua pittura diventa una voce fuori dal coro, un costante monito per cambiare il punto di vista e pensare con la propria testa, in modo diverso e non in base alle regole prestabilite da altri.

Il suo carattere forte e la sua voglia di divertimento lo hanno spinto sull'orlo del vilipendio. Il Potere affascina e ammalia, Caravaggio lo sapeva molto bene essendo nato in una società benestante e potendo annoverare amicizie molto influenti. Amava la vita di palazzo e frequentava volentieri le sale affrescate e come un prevedibile rampollo della buona società che magari per noia o per voglia di affermare una personalità indipendente e libera, si è messo a denigrare e a contrastare una società che basava tutte le sue convenzioni e regole sugli insegnamenti del Cattolicesimo.

La storia di Caravaggio ci ricorda un dato semplice: il Potere non permette a nessuno di andarsene senza pagare pegno.

Per tutta la vita il Potere è stato sulle tracce di Caravaggio, lo ha consumato fino alla sua dipartita. Quella del Merisi è stata una lotta continua contro sé stesso e contro la società ed è stata teatrale e barocca sino alla fine.

Scena VIII:
L'ordine di Caravaggio

Se fosse vissuto ai nostri giorni è quasi certo che Caravaggio sarebbe stato molto sensibile al diritto d'autore e alla tutela della paternità dell'opera d'Arte.

Il suo non sarebbe semplicemente un giusto e legittimo desiderio per tutelare il proprio lavoro e ricevere il compenso dovuto (miraggio irraggiungibile ancor oggi per molti artisti!) ma sarebbe lo sfogo della gelosia che provava per le sue creazioni.

Solitamente, la maggior parte degli artisti, per potersi garantire un maggior tenore di vita aprivano molto volentieri una bottega. Ciò permetteva loro di avere un vero e proprio reddito dalla manodopera non specializzata alla quale insegnavano il mestiere; più o meno come alcuni *stage* offerti oggi ai neolaureati che vorrebbero iniziare una carriera.

Le botteghe erano ambienti animati e molto interessanti, dove vivevano giovanissimi aspiranti artisti (a volte l'aspirazione era più dei genitori però, ammettiamolo) -nel senso più letterale possibile del termine- aiutando il maestro nelle mansioni più pratiche e noiose come la produzione del colore (quando andava bene) o la pulizia della bottega stessa. Lavorando per il maestro si potevano apprendere dapprima i rudimenti e poi le finezze dell'Arte pittorica sino a quando non si era pronti per affrontare da soli il mondo dell'Arte.

A volte capitava che il nome importante della bottega potesse permettersi il lusso di accettare più commissioni di quelle realizzabili, tanto dopo l'impostazione iniziale da parte sua dell'opera veniva portata a termine dagli allievi più bravi.

Caravaggio, anche sotto questo aspetto, era fuori dal coro. Non ha mai aperto una sua bottega né mai l'ha voluta; in parte, la condanna a morte e di conseguenza la vita errabonda non potevano permetterglielo. È difficile pensare che un uomo con una personalità al limite e contro l'ortodossia, potesse aprire una bottega ed essere guida e punto di riferimento di giovani che volevano intraprendere questo percorso. Il maestro lombardo si era formato a fatica in una bottega e di sicuro non voleva rivivere quell'ambiente.

Aveva modelle, modelli e giovani assistenti -del suo assistente-amante ne abbiamo già parlato in modo dettagliato- ma il tutto finiva lì. Nel suo mondo era contemplata la presenza di persone avvenenti che animassero la sua vita ma nulla più. Il suo atteggiamento è sempre tato quello di volersi creare una corte di persona dedita al suo benessere e al suo piacere (non solo sessuale ma anche esistenziale) e nulla più.

Questa sua reticenza all'insegnamento e al dar vita ad una discendenza artistica non ha ostacolato però il formarsi di un gruppo di seguaci che si sono imbevuti delle sue opere e delle atmosfere create dal maestro arrivando addirittura a considerarsi un gruppo di adepti fedeli: i Caravaggeschi.

La schiera delle persone che hanno subito un forte influsso dall'Arte di Caravaggio in modo diretto o indiretto è alquanto impressionante. Questa conoscenza, seppur superficiale della corte artistica di Caravaggio riserverà delle sorprese.

Uno dei nomi più conosciuti dei suoi seguaci artistici è quello di **Orazio Gentileschi**. Personaggio alquanto affascinante per la sua etica discutibile. Non è difficile ricordare la scelta operata da questo signore per convincere la figlia a sposarsi. In quest'epoca la condizione femminile era ben lungi dal godere del seppur minimo beneficio sociale. Dal momento che la figlia dava qualche problema nella scelta del futuro sposo, il padre in modo ben poco romantico (sarebbe bello raccontarci un'avventura cavalleresca in cui due spasimanti si sfidarono a singolar tenzone, ma non fu così) si mise d'accordo con quello che egli reputava essere il miglior partito interessato e consigliò al baldo giovane innamorato di violentare la ragazza. Agostino Tassi, questo è il nome dell'uomo che ha commesso il delitto combinato, era un pittore stimato soprattutto da Orazio che credeva di poter trovare in lui un fido assistente oltre che un genero premuroso. Questa, purtroppo, non fu l'unica nefandezza operata da questo discutibile padre nei confronti della figlia. Dal momento che neanche con lo stupro si decise a sposarsi, anzi la donna intentò causa contro lo stupratore e la vinse ma non vide mai il proprio aguzzino scontare la giusta pena e anche se ha dell'assurdo fu pubblicamente stigmatizzata dalla società, Orazio la eliminò dal proprio testamento, per poi inserire di nuovo il suo nome tra i beneficiari a seguito di una manovra studiata per convincere la figlia a collaborare con lui. Per convincerla le promise pubbliche scuse, il pagamento del suo onorario e di ritornare ad essere considerata una cara figlia nel momento dell'apertura del testamento. Ovviamente, Artemisia lavorò per il padre pittore e poi non solo venne cancellata di nuovo dal testamento paterno ma non le venne corrisposto neanche il dovuto per il suo lavoro. Orazio è indubbiamente un personaggio dalle caratteristiche scellerate, un po' alla Caravaggio, e la sua pittura ha subito un influsso ancor maggiore dal pittore milanese. Ciò che lo differenzia dal maestro lombardo è il genio e la qualità artistica, un bravo pittore il Gentileschi ma ben lontano dall'unicità di Michelangelo Merisi e indubbiamente meno dotato della figlia.

Su *Artemisia Gentileschi* si è scritto molto e si è romanzato ancor di più. Le sue *Giuditta e Oloferne* conversano con le opere del maestro come se fossero vecchie compagne di scuola, senza quel timore reverenziale che potrebbe scaturire da opere minori verso quelle del grande artista. Artemisia è una donna che in vita ha dovuto affrontare momenti molto difficili e dopo morta la sua situazione non è cambiata molto. Il suo racconto dello stupro subito è semplicemente tremendo:

Serrò la camera a chiave e dopo serrata mi buttò su la sponda del letto dandomi con una mano sul petto, mi mise

> un ginocchio fra le cosce ch'io non potessi serrarle et alzatomi li panni, che ci fece grandissima fatiga per alzarmeli, mi mise una mano con un fazzoletto alla gola et alla bocca acciò non gridassi e le mani quali prima mi teneva con l'altra mano mi le lasciò, havendo esso prima messo tutti doi li ginocchi tra le mie gambe et appuntendomi il membro alla natura cominciò a spingere e lo mise dentro. E li sgraffignai il viso e li strappai li capelli et avanti che lo mettesse dentro anco gli detti una stretta al membro che gli ne levai anco un pezzo di carne».

Dopo questo orribile delitto subì un processo che la vide riconosciuta nel suo ruolo di vittima violata ma che fu di per sé una vittoria di poco conto dal momento che la società (il peggiore dei tribunali) dava maggior credito alle false testimonianze prezzolate. Così Artemisia oltre a subire uno stupro, oltre a dover testimoniare senza il tempo di superare il trauma psicologico (dovette raccontare più e più volte quanto avvenuto e dovette anche sottoporsi a numerose e umilianti visite ginecologiche) dovette anche subire l'onta affibbiatale dalla società che scrisse numerosi sonetti denigrandola e definendola volgarmente

puttana bugiarda che va a letto con tutti.

Eppure, questa donna forte e unica, nonostante tutto, condusse una vita che definire moderna è troppo poco. Apre la sua bottega, si mantiene con il proprio lavoro ed esce di casa per fare acquisti quando ne ha bisogno e da sola va a comprare i colori per realizzare le sue opere. Inutile ricordarci che per quell'epoca, nel nostro **Bel Paese**, questo stile di vita era considerato depravato. Artemisia farà di più, da brava rivoluzionaria che destabilizza il sistema (la somiglianza con Caravaggio è palese!) raccoglierà abbastanza soldi da poter garantire la dote alle proprie figlie. Tutto questo ovviamente con l'aggravante di un marito (nel frattempo si era anche sposata) che praticava la professione di pittore senza grandi successi ma era un ottimo spendaccione.

Dopo la sua dipartita le lotte non sono terminate. Sarà un manipolo di donne a volerla violare nella sua intimità e nel suo dramma. Infatti, con l'avvento del femminismo si vuol prendere la nostra Artemisia come una fervente femminista *ante litteram*. Questa considerazione (sconsiderata, scusatemi il gioco di parole) nasce da una lettura superficiale delle sue opere e della sua più frequente rappresentazione: Giuditta taglia la testa ad Oloferne, la donna si vendica sull'uomo.

Quello della Gentileschi, però, non è altro che un estremo tentativo di superare il trauma che non ha mai avuto modo di superare a pieno.

L'arte del Merisi e quella della Gentileschi sono profondamente legate dal forte impatto violento sia delle scene sia dei colori e anche dalla tendenza a rendere tutto teatrale e verosimile. Non dimentichiamo il forte carattere di entrambi che si esprime senza dubbio attraverso le scene dipinte ma anche, e soprattutto, dalla consapevolezza di sé stessi. Artemisia realizzerà un'allegoria della Pittura: un suo autoritratto mentre è intenta a dipingere, come a voler dire di essere ella stessa la pittura. Una sicurezza di sé degna dello stesso Caravaggio.

Nonostante questa biografia così dura, Artemisia ha trovato il modo anche di divertirsi e di essere sé stessa. Secondo studi recenti anche a lei piaceva molto la vita notturna e passava le sue serate nelle osterie, dove non si tirava mai indietro se c'era da divertirsi.

Un altro pittore che ha subito la forte influenza di Michelangelo è stato **Francesco Boneri**, detto Cecco di Caravaggio. Proprio lui, l'aiutante-amante che spesso è stato ritratto dal maestro milanese essendo il suo modello preferito e a cui ha attribuito le caratteristiche dell'*Amor vincit omnia*. Dal soprannome datogli è facile capire che l'appartenenza al Caravaggio è stata molto forte, d'altronde abbiamo già parlato della loro relazione.

Il più curioso di tutti i suoi discepoli (anche se indirettamente) è stato **Giovanni Baglione**. Proprio lui, quel Baglione che è stato il bersaglio di tante prese in giro (molto pesanti e calunniose) da parte dello stesso Caravaggio. Reo di essersi ispirato così tanto all'arte dell'amico lombardo da essere accusato da lui di plagio. Un'amicizia senza ombra di dubbio ben poco noiosa quella tra i due: ammirazione da parte del Baglione, derisione calunniosa da parte del Caravaggio; non proprio i migliori presupposti per una lunga e sana amicizia.

Spetta a **Bartolomeo Manfredi** dalla zona di Cremona (per la precisione da Ostiano) la palma di caravaggesco più intenso. Nonostante la sua forte carica pittorica però è stato penalizzato dalla storia ed è quasi sconosciuto oggi. Questa sua scarsa fortuna critica è dovuta specialmente alla voce che era stata messa in giro sul suo conto secondo la quale egli fosse un falsario e realizzasse opere con l'intento di venderle come se fossero di Caravaggio. Ovviamente, questo è quello che capita a coloro che mettono troppo poco di sé stessi nella creazione artistica. Un vero artista è colui che riesce a diventare immortale e per far ciò deve infondere alla propria Arte la visione che caratterizza la propria vita. Il copiare dalle opere altrui richiede una buona dose di tecnica e di capacità ma non è la scelta più incisiva e si viene dimenticati, come è giusto che sia d'altronde.

Il pittore di origine italo-svizzera **Giovanni Serodine** si è formato sullo studio e osservazione delle opere di Caravaggio. Con il raggiungimento della sua maturità artistica arriverà addirittura a spingere la drammaticità delle sue tele al punto da arrivare ad essere quasi visionario.

Nella zona di Genova troviamo **Domenico Fiasella**, **Gioacchino Assereto**, **Orazio De Ferrari**.

Mentre a Napoli non dobbiamo dimenticare **Battistello Caracciolo** e **Carlo Sellitto**.

Roma in quest'epoca era un centro importante non solo per la formazione delle nuove generazioni di artisti ma era anche il centro più nevralgico del mercato d'Arte.

Una delle più grandi aspirazioni per la maggior parte degli artisti era trasferirsi nell'Urbe. Tra le comunità di artisti stranieri presenti nella città eterna troviamo quella degli olandesi. Tra di loro ci sono molti caravaggeschi come **Hendrick ter Brugghen** e **Gerrit van Honthorst**. Quest'ultimo dopo il suo apprendistato in Italia ottenne addirittura il patronato di Carlo I Stuart. Fu un pittore molto prolifico e ci ha lasciato un numero impressionante di opere ma quelle che ebbero maggior successo di pubblico furono quelle che denotavano una maggior influenza caravaggesca. Basti pensare che fu proprio per le sue scene spesso rappresentate in taverne, con musicisti, giocatori d'azzardo o semplici persone intente a mangiare che è passato alla storia come *Gerrit delle notti*. Apprese così bene la tecnica del chiaroscuro insegnatagli indirettamente da Caravaggio da offrirci spesso delle scene illuminate semplicemente da una sola candela, regalandoci così delle suggestioni che non solo rendevano giustizia alla sua bravura e al suo nome artistico ma anche a tutta l'ispirazione infusagli dall'opera di Michelangelo Merisi.

Anche tra i nostri cugini d'Oltralpe qualcuno è rimasto ammaliato dalla grammatica caravaggesca.

Tra i più importanti pittori francesi che hanno subito una forte influenza del maestro lombardo vi sono nomi di tutto rispetto: **Louis Le Nain**, **Valentin de Boulogne**, **Simon Vouet**. Nomi che al grande pubblico purtroppo non dicono molto, perché ingiustamente ritenuti di seconda categoria dai curatori e critici.

Tra i pittori più conosciuti in quest'epoca in Francia abbiamo **Georges de La Tour**; nato in una famiglia agiata (un po' come il nostro Caravaggio) compie il suo viaggio di formazione a Roma e qui scopre anche lui il mondo di luce ed ombra del maestro milanese. La passione che prova per questo stile pittorico lo porterà ad essere un importante rappresentante dell'Arte barocca d'oltralpe raccogliendo così tanto consenso da diventare niente meno che

pittore ordinario del Re.

Nonostante la forte influenza provata da Georges de La Tour per le opere di Caravaggio, egli non si limita a seguire lo stile del maestro (come hanno fatto in molti) ma imprime la sua visione personale al mondo del chiaroscuro caravaggesco tanto che è possibile oggi metterli a confronto come due elementi agli antipodi. Molto interessante, in merito, è il pensiero dello scrittore francese André Malraux secondo il quale Georges de La Tour al contrario di Caravaggio

interpretava la parte serena delle tenebre.

Malraux elogia il compatriota scrivendo che

ci voleva il suo genio per concepire un Caravaggio trasparente.

Osservando attentamente le opere di Georges de La Tour, però, ci si rende conto anche di un altro fattore: il pittore francese così sereno e trasparente realizza sì opere fortemente influenzate da Caravaggio ma non riesce a dare carne e sangue alle sue figure, che rimangono rigide e piacevolmente nordeuropee. Forse i punti forti individuati da Malraux si sono dimostrati un'arma a doppio taglio che si è rivolta contro il suo stesso proprietario; se de La Tour fosse stato un po' meno sereno avrebbe offerto qualche emozione in più. Un aspetto che lo accomuna a tutti i suoi colleghi caravaggeschi è quello dell'espediente della luce di candela che illumina l'oscurità; la candela rappresenta il limite che i caravaggeschi non hanno superato, infatti, Caravaggio non ha avuto bisogno di una fonte di luce per giustificare la luminosità ben studiata ed intelligente delle sue opere, per lui la luce era una protagonista dell'opera e non un effetto scaturito da una fonte. Il Merisi ha osato di più, dando un valore quasi umano a questa presenza mentre per tutti gli altri era un complemento (seppur importante) della scenografia.

La Spagna merita un discorso a parte, dal momento che il condizionamento dell'Arte di Caravaggio non ha interessato artisti qualunque, bensì i padri fondatori dell'Arte spagnola.

Tra le personalità artistiche influenzate da Caravaggio troviamo coloro che non solo rappresentano la Storia della Pittura spagnola ma che per secoli sono stati i maestri di generazioni di pittori: ***Francisco de Zurbarán***, ***Bartolomé Esteban Murillo*** e ***Diego Velázquez***.

Una menzione particolare la merita un italiano d'adozione quale è ***Jusepe de Ribera***, detto lo Spagnoletto. Nato in Spagna, ovviamente, decise di trasferirsi a Napoli dove rimase sino alla fine della sua vita. Il suo ruolo nell'Arte napoletana fu da vero e proprio protagonista e lo troviamo in compagnia di nomi come Luca Giordano, Mattia Preti e Salvator Rosa. La sua pittura è fortemente caratterizzata dallo stile tardo di Caravaggio, che dagli storici è stato etichettato con il nome di "tenebrismo", che come dice il nome è caratterizzato da atmosfere particolarmente cupe e tetre.

Dopo un lungo periodo di oblio, Caravaggio è tornato a dar lezioni di pittura e tra gli allievi seduti su banchi della sua scuola troviamo **Jacques-Louis David**, **Francisco Goya**, **Théodore Géricault**, **Eugène Delacroix** e **Gustave Courbet**.

Tutto ciò non può che farci riflettere sull'importanza e sulla forza della Pittura di Michelangelo Merisi che con le sue opere ha condizionato (e continua a condizionare) la Pittura europea.

DIETRO LE QUINTE

Scena I:
Il designer

Tra le tante opere del maestro lombardo, ce n'è una molto simpatica; non tanto per la scena raccontata quanto per la scelta del nostro pittore, che lo ha portato ad esplorare un ambito così moderno da poter tranquillamente essere considerato un nostro contemporaneo.

Passeggiando tra le sale degli Uffizi, ad un certo punto veniamo accolti in una sala dalle dimensioni modeste da una signora urlante. È una delle opere più incisive della Storia dell'Arte italiana.

Medusa ci osserva con gli occhi e la bocca spalancati in un assordante urlo silenzioso. Dopo l'iniziale smarrimento dato da tanta fatale bellezza, girando attorno alla teca che ospita questa meraviglia, ci rendiamo conto che l'opera non è un vero e proprio quadro ma è uno scudo decorato dal pennello di Caravaggio.

La scelta del supporto è decisamente inusuale ma trattandosi del nostro Caravaggio non possiamo aspettarci troppa normalità.

Ovviamente non era così insolito decorare gli scudi, nei musei etnografici e archeologici possiamo ammirare meraviglie incredibili realizzate in ogni momento della Storia umana. Le armature da parata, quelle che venivano usate nelle cerimonie, erano corredate da spade o scudi che sono vere e proprie opere d'arte.

Viene da chiedersi se questo sia il caso anche dello scudo di Caravaggio.

Nel 2002 si concluse il restauro a seguito del vile attentato di Via dei Georgofili del 1993. L'opera subì un danno minimo ma siccome versava in un difficile stato di conservazione si decise per il restauro (condotto da Stefano Scarpelli e Caterina Caneva) a seguito del quale si confermò il suo inquadramento tra gli scudi da parata tipici del Cinquecento ed in particolare sarebbe stato realizzato per l'armeria di Ferdinando I de' Medici.

Ovviamente, tutto è possibile e tutto è probabile sino ad eventuali prossime smentite, d'altronde si sa perfettamente che la Scienza è sempre pronta ad aggiornare sé stessa.

Bisogna far attenzione però a non perdere di vista l'aspetto principale di questo capolavoro unico del suo genere.

Solitamente, le decorazioni in metallo o dipinte che si possono ammirare sugli scudi assolvevano la funzione di decorazione dell'oggetto, diventandone un valore aggiunto.

Nella *Medusa* di Caravaggio succede un evento straordinario: l'oggetto scompare a favore della decorazione, tanto che per la maggior parte delle persone che sia uno scudo, potrebbe essere una scoperta.

Decorare armature e scudi con il volto di Medusa è una pratica che ci riporta all'epoca dei romani; prima di loro troviamo gli Etruschi che dandole un forte valore apotropaico usavano la sua immagine come decorazione delle antefisse (ovvero, le coperture che si mettevano sulla testata delle travi dei tetti o come occlusione dei canali terminali delle tegole).

Tutti questi oggetti, vengono sempre percepiti per la loro funzione e si dà loro il giusto valore aggiunto dato dalla decorazione realizzata. Per la *Medusa* di Caravaggio ciò non avviene con facilità.

Con un po' di coraggio e una sana dose di spregiudicatezza si potrebbe definire Caravaggio uno dei primi *designer* della Storia.

Il fenomeno del *design* appartiene prevalentemente alla nostra epoca dal momento che è fortemente collegato alla produzione industriale. Con la realizzazione in serie che permette una riduzione dei costi di realizzazione e di conseguenza un abbassamento del prezzo d'acquisto, la prima caratteristica a venir sacrificata è stata la Bellezza, che si sa, fa aumentare esponenzialmente i costi di produzione.

Affinché un oggetto non fosse semplicemente funzionale ma avesse la giusta dose di Bellezza (che non aggiunge nulla alla funzionalità, ma fa vivere meglio) ci si doveva rivolgere ad operai molto specializzati che con un massiccio impiego di tempo, di mezzi e di conoscenze creavano oggetti unici, che pochi potevano permettersi.

Con il fiorire dell'industria, molta Bellezza è stata sciupata ma ad un certo punto qualcuno si è opposto a questa tendenza. Così è nata la compagine dei *designer*, persone impegnate nella lotta quotidiana a favore del Bello (a volte scomodo e di difficile uso, ma pur sempre bello).

Sin dalla Preistoria l'essere umano ha speso tempo ed energie per decorare oggetti di uso comune, trasformando ciò che poteva essere banale e utile in qualcosa di bello, utile e raffinato. Anche se con mezzi e risultati diversi, ciò continua anche tra le produzioni della grande distribuzione di massa, dove la Bellezza è magari ridotta all'osso ma tenta comunque di far notare la sua pallida presenza.

Il lavoro del *designer* è ben riuscito quando un oggetto mantiene la sua funzione, rimane riconoscibile ma acquista una Bellezza unica che magari non gli apparteneva prima.

Con la sua *Medusa*, Caravaggio ha tutte le carte in regola per essere considerato uno *stardesigner*.

L'intensità che raggiunge con il suo pennello nel realizzare la testa mozzata della gorgone è tale da non farci neanche più percepire la banalità dell'oggetto che decora. Siamo di fronte ad un semplice scudo (tecnicamente, chiamato rotella) di legno: nulla di eccezionale, se ci limitiamo ad osservare l'oggetto. Un supporto banale, se vogliamo, per un'opera che è diventata una delle più famose e riconosciute a livello globale.

Quest'opera rappresenta un punto di svolta nella Storia dell'Arte, proprio per l'impatto percettivo che ancora oggi suscita nel pubblico.

Caravaggio è stato il primo grande artista a mettere la sua Arte a disposizione della decorazione degli oggetti mettendo così tanto in risalto la Bellezza da far sparire l'oggetto; una tendenza così moderna da poterci ritrovare tranquillamente in essa oggigiorno.

Forse, a qualcuno di noi può essere sorta una domanda visitando una mostra di *design* o una galleria: a cosa serve l'oggetto che sto vedendo?

Ciò avviene perché la ricerca della Bellezza (che a volte è così soggettiva da essere incomprensibile) si è spinta così avanti da ridurre al minimo l'utilità di un oggetto. Dobbiamo far attenzione però, questo fenomeno non deve per forza essere considerato negativo. Di per sé, ogni oggetto (anche il più banale) viene scelto per la sua forma o per il suo colore (in poche parole, per quanto riesce a risultarci bello) e l'essere umano tenta sempre di attorniarsi il più possibile di bellezza.

Caravaggio può tranquillamente essere inteso come il padre del moderno *design* proprio per farci dimenticare lo scudo a favore della sua testa di Medusa.

Ovviamente, Michelangelo Merisi non aveva la minima intenzione di gettare un seme che avrebbe dato il suo frutto qualche secolo dopo. Ogni considerazione a posteriori su quest'evento deve -per onestà intellettuale- considerare sempre l'arbitrarietà delle scelte degli artisti. Non si commette, a mio avviso, un errore imperdonabile se mettiamo Caravaggio fra i *designer* di maggior successo che hanno sublimato, grazie al proprio operato, la necessità umana della Bellezza, che è il fine ultimo del *design*.

Non lo scioccare con creazioni particolarmente incredibili o fuori dal normale ma l'estasiare la quotidianità (che, purtroppo per noi, spesso è banale) con una Bellezza fuori dal comune.

Scena II:
L'Arte dei capricci

L' Arte passa gran parte della sua esistenza nel tentativo di non soffocare tra le necessità dei poteri che richiedono il suo operato.

Non esiste artista che sia completamente libero di esprimere sé stesso senza alcun tipo di influenza da parte del mercato, della religione o del potere politico. Un'assoluta indipendenza da questa triade (a volte diabolica) potrebbe essere la causa dell'invisibilità totale di quell'artista che decide di vivere il suo fare Arte senza immischiarsi in questi poteri forti. Purtroppo lo sappiamo bene, la bravura e la genialità non bastano per avere successo nella vita, serve sempre un pizzico di fortuna e i contatti giusti.

Semplicemente: o si sta al gioco o non si viene neanche minimamente considerati.

Nel corso dei secoli, abbiamo avuto artisti che hanno saputo districarsi in modo geniale tra le richieste del potere e la necessità di esprimere sé stessi. Qualcuno ha sviluppato due linee di produzione artistica (quella che strizzava l'occhio al potere ed una più intima e personale), qualcun altro ha occultato nelle opere dei particolari nella speranza che qualcuno tra il pubblico li notasse e codificasse; altri hanno lavorato duramente per poter raggiungere una sicurezza economica tale da poter poi sentirsi liberi di fare ciò che più avevano voglia di fare, incuranti delle commissioni e delle idee dei committenti.

Il nostro Caravaggio ha molto spesso inserito in opere commissionatagli particolari (a volte non tanto celati) che rivelassero il suo pensiero o anche solo semplicemente la voglia di prendere in giro il pubblico o i committenti.

Che il maestro milanese fosse un personaggio estremo nelle scelte lo abbiamo già ben capito. Però non possiamo non rendere giustizia alla sua maestria senza pari e alle sue scelte in ambito artistico. Per il Merisi l'opera d'Arte deve continua ad essere realizzata con particolare attenzione alle commissioni e al mercato, perché rimangono l'unico canale possibile per potersi sostenere attraverso l'Arte. La libera professione in ambito artistico inizierà ad essere una possibilità solamente un paio di secoli più tardi, epoca in cui la nostra vecchia Europa è percorsa in lungo e in largo da Wolfgang Amadeus Mozart.

Nonostante questa attenzione nei confronti dei committenti, ovviamente del tutto interessata, Caravaggio non ha mai perso l'occasione di poter raccontare la sua visione della realtà, ovviamente sempre e solo a tinte forti.

Inconsapevolmente, Michelangelo Merisi ha indicato una direzione del tutto nuova per l'Arte e questa opportunità verrà colta oltre un secolo dopo dal celeberrimo pittore spagnolo Francisco José de Goya y Lucientes, noto a tutti più semplicemente come Francisco Goya.

Nonostante l'importante differenza di epoca tra i due maestri, la vicinanza della loro Arte è impressionante e sembra addirittura che Goya prenda ad esempio la tavolozza di Caravaggio per creare la sua. I colori bruni e i neri sono così simili da intessere un vero e proprio dialogo a discapito della distanza spazio-temporale apparente incolmabile.

Le ottanta tavole eseguite da Goya, che senza ombra di dubbio può essere considerato uno dei padri della pittura spagnola, e che vanno sotto il titolo di *Caprichos* sono un tentativo ben riuscito di mettere in luce i vizi, le bassezze e le aberrazioni della società.

Il pittore spagnolo riveste il difficile e pericoloso ruolo di ritrattista oggettivo della realtà senza fare sconti a nessuno, basti ricordare i ritratti della famiglia di reale dove re e regina dai volti non propriamente belli e dall'espressione non molto sveglia sono attorniati da personaggi altrettanto discutibili.

Il capriccio di per sé è una forma d'Arte altamente libera, che nasce dalla necessità da parte dell'autore di sentirsi senza costrizioni nella scelta stilistica e nel contenuto della sua opera. Questo genere di realizzazione ha un valore prettamente personale dal momento che non nasce per incontrare i favori di una precisa committenza. L'artista espone le sue sensazioni e pensieri o considerazioni in totale libertà e ciò, con grande sorpresa all'epoca, poteva comunque incontrare i favori del pubblico. Perché si sa, i pensieri personali di ognuno di noi possono essere condivisi da molti.

Nonostante quest'importante assonanza tra i due pittori, la loro Arte si è dedicata al capriccio in modo diverso.

Caravaggio ha rivolto la sua attenzione all'aspetto più spirituale dell'esistenza andando a stuzzicare il pubblico su temi prettamente religiosi e di ordine morale; la maggior parte dei "giudizi" taglienti espressi nella sua pittura si rivolgono ai dogmi imposti dalla religione, e alla voglia di voler stupire a tutti i costi andando contro il pensiero comune.

Per Goya l'oggetto dei suoi *capricci* è essenzialmente la società composta dagli esseri umani discutibili, a volte gretti e non proprio illuminati dalla ragione.

Le sue tavole possono essere lette come veri e propri attacchi satirici nei confronti di quella società che l'artista non solo non poteva comprendere a pieno ma considerava impregnata di brutture.

Così come Caravaggio non ha mai tentato di velare i riferimenti sarcastici e provocatori nelle sue opere, anche Goya ha sottolineato in tutti i modi possibili i veri significati delle sue tavole, anche se (anticipando i film e le serie televisive che imperversano oggigiorno) ha voluto far presente che il tutto era frutto della sua fantasia.

Poiché la maggior parte delle cose rappresentate in quest'opera è di natura mentale, non sarà temerario

> *credere che gli intenditori scuseranno forse le loro mancanze, tanto più che l'autore non ha seguito esempi altrui, né ha potuto copiare la natura. E se l'imitazione della natura è già abbastanza difficile e ammirevole quando riesce, guadagnerà certo un po' di stima anche colui che, allontanandosi del tutto da essa, fu costretto a esibire forme che fino a quel momento esistevano solo nello spirito umano, oscurato e confuso dalla mancanza di rischiaramento o surriscaldato dalla sfrenatezza delle passioni.*

Eppure qualcosa non torna in questo estremo tentativo di non essere eccessivamente vessato da parte delle autorità in carica allora, tra le quali non possiamo non dimenticare la Santa Inquisizione (anche se di santo ha avuto ben poco). Tra le caricature realizzate e tra i volti raffigurati si nascondevano personaggi che avevano un nome e cognome facilmente riconoscibili.

Lo stesso Charles Baudelaire scrisse

> *Frati che sbadigliano, frati che gozzovigliano, facce squadrate di assassini che si preparano a mattutino, facce astute, ipocrite, aguzze e malvagie come profili di uccelli rapaci [...] streghe, sabba, diavolerie, bambini arrostiti allo spiedo, che so? Tutte le dissolutezze del sogno, tutte le iperboli dell'allucinazione, e poi tutte quelle spagnole bianche e slanciate che certe vecchie perpetue lavano e*

preparano per il sabba, o per la prostituzione della sera, il sabba della nostra civiltà!

Caravaggio e Goya sono accomunati da una visione che porterà l'Arte ad essere quella che oggi conosciamo: non al servizio della committenza ma un canale di trasmissione del pensiero e delle idee.

Il capriccio diventerà sempre più presente nell'Arte, finché essa non si depurerà completamente diventando libera dalle pressioni delle ideologie delle committenze varie.

Per ottenere la propria libertà dal potere costituito dalla politica, dall'aristocrazia e dalla religione, l'Arte ha dovuto pagare un caro prezzo e scendere a compromessi con il diavolo: il mercato.

Questo fenomeno è sotto i nostri occhi, tutti i giorni. Ormai il potere è concentrato nelle mani del mercato che determina non solo il valore delle merci e della moneta ma anche il valore della creazione artistica e dell'essere umano.

Scena III:
L'influenza del Borromeo

Nonostante la necessità di libertà d'espressione e di critica che da sempre viene invocata da parte delle opere d'Arte, c'è sempre bisogno di una figura carismatica che lanci una moda o un artista. Oggi questo compito spetta ai divulgatori e ai critici d'Arte (anche se a volte sembrano essere dei venditori, più che veri e propri critici), che hanno addormentato il loro senso critico a favore della sensibilità economica che si sviluppa con le percentuali legate alle vendite delle opere che sponsorizzano.

All'epoca di Michelangelo Merisi (e per qualche secolo ancora) i più importanti influenzatori (o *influencer* come dicono coloro che non riescono a parlare bene in italiano) erano gli alti prelati di Santa Romana Chiesa, che spesso erano più attivi nel mondo secolare rispetto a quello spirituale.

Tra questi, spiccano la figura di un cardinale milanese, un certo Federico Borromeo, cugino del ben più noto Carlo Borromeo, figura importante e molto simpatica della chiesa milanese.

Per rispetto del grado gerarchico raggiunto e per più semplice anzianità, partiamo proprio da San Carlo.

Nonostante la santificazione, il Borromeo è stato un personaggio curioso, più adatto ad un copione cinematografico o teatrale che ad un racconto agiografico.

Nato ad Arona, su quella che oggi è la sponda piemontese del Lago Maggiore, è senza ombra di dubbio il personaggio più famoso della nobile famiglia milanese che ancora oggi risiede nel capoluogo lombardo.

Per un certo lasso di tempo è stato contemporaneo del Caravaggio (nato nel 1571) dal momento che morì il 3 novembre 1584.

Senza dubbio, essendo il Borromeo uno dei grandi riformatori della Chiesa Cattolica (insieme a sant'Ignazio di Loyola e a san Filippo Neri), l'Arte di Caravaggio trarrà grandissima ispirazione dai cambiamenti messi in atto da San Carlo.

Ovviamente, il pieno sviluppo delle idee controriformiste del Borromeo si ebbe durante la piena maturità del Caravaggio che ne assorbì molte idee. Il pensiero di San Carlo non solo si è indirizzato ad aspetti teologici e ideologici ma anche a quelli di stampo sociale e culturale. Il suo amore fraterno e protettivo nei confronti delle sorelle è stato così forte da eguagliare solo il suo sentimento misogino.

Delle donne non aveva una considerazione molto positiva, anzi si può dire proprio che la sua visione del mondo femminile era pessima. Per onor del vero solo due categorie di donne hanno potuto godere dell'ammirazione del Borromeo: le sorelle e le donne rinchiuse nei conventi. So che non è molto ma è sempre meglio di nulla, come si suol dire.

Se poi pensiamo che uno dei suoi maggiori vanti era quello di non aver mai rivolto la parola ad una donna, il cerchio si chiude con un bel colpo di teatro.

Molto è stato detto su questa ondata di misoginia propagatasi dalle idee del Borromeo, alcune informazioni sono il risultato di pura fantasia mentre altre sono storicamente accettate e fondate.

Si è atteso anco a purgare la valle* dalle streghe la quale era quasi tutta infestata di queste peste con perdizione di molte anime, tra le quali molte si erano ricevute misericordiosamente a penitenza colla

---

* La valle a cui ci si riferisce è la Val Mesolcina, che il Borromeo visitò nel periodo di invio di questa lettera.

> *abiurazione, alcune date alla corte secolare come impenitenti con pubblica executione della giustizia.*

Queste parole sono state indirizzate il 9 dicembre 1583 da parte del Borromeo al cardinale Paleotti. Durante la visita in Val Mesolcina si registrarono ben 162 processi e 12 terminarono con una condanna a morte per gli imputati, solo uno di essi fu un uomo (oltretutto si trattava niente meno che del prevosto della Collegiata di San Vittore). Queste esecuzioni capitali furono condotte nel modo più impressionante possibile (i condannati furono bruciati vivi e a testa in giù) per sfruttare al massimo la tecnica del terrore; più il popolo era scioccato e meno avrebbe tentato di ribellarsi alle nuove visioni della realtà. Senza considerare che, comunque tanto in quell'epoca come oggi, il gusto morboso per la violenza e il dolore altrui è sempre stato ben radicato in gran parte della popolazione.

D'altronde è ben risaputo, l'essere umano è in grado di scalare le più alte vette della Bellezza ma anche di discendere negli abissi delle peggiori nefandezze.

In quest'atmosfera di continue minacce e tensioni non solo è vissuto il nostro Caravaggio ma ha subito anche l'onta della condanna a morte. Il tema della condanna e della morbosità è spesso presente nella pittura di Caravaggio. Inoltre, sembra esistere uno strano legame tra le Vergini caravaggesche e l'idea imperante all'epoca sulle donne.

Il fatto che la maggior parte delle Vergini siano prostitute riconosciute (e anche riconoscibili per le persone dell'epoca) può essere un richiamo molto forte al pensiero dell'epoca che vedeva in ogni donna l'origine del male e della perdizione.

Ovviamente, tutto condito con la dose di irriverenza che sempre caratterizza le opere del Merisi.

Un'altra crociata sostenuta dal Borromeo è stata quella contro ogni sorta di divertimento e di festa, tanto da voler vietare e mettere fuori legge quasi qualsiasi occasione di festa, insieme alla moda (maschile e femminile) che poteva essere causa di perdizione ed un possibile richiamo erotico. Così, tanto per gradire, oltre alla messa al bando delle feste si è messo fuori legge lo sfarzo e soprattutto il colore, a favore di un ben più morigerato nero.

Nero ovunque e per chiunque, anche per l'Arte ovviamente.

Ecco che come risposta da parte dell'Arte, che è sempre attenta ai cambiamenti della società, i colori sembrano sparire da quasi tutte le tavolozze alla moda e il nero si impossessa di tutto lo spazio possibile delle tele.

Caravaggio è il più grande maestro dell'uso del nero e farà scuola alla maggior parte dei colleghi pittori. Tra i colori è quello che più trasmette mistero, eleganza (Chanel insegna) e non dimentichiamo che crea un gioco unico con la luce dando uno spessore e un rilievo incredibili alle figure.

Eppure in questo caso trasmette anche una leggera eco di tristezza; i colori erano banditi per trasmettere un senso di mestizia che doveva castigare le abitudini considerate troppo festaiole e frivole.

Anche un altro Borromeo ebbe un'influenza molto forte sulla vita di Caravaggio: Federico Borromeo, cugino di San Carlo. Di lui molto si è detto, soprattutto dal Manzoni, che lo volle tra i personaggi più in vista ed importanti dei suoi *Promessi Sposi*.

> *Fu degli uomini rari in qualunque tempo, che abbiano impiegato un ingegno egregio, tutti i mezzi d'una grand'opulenza, tutti i vantaggi d'una condizione privilegiata, un intento continuo, nella ricerca e nell'esercizio del meglio.*

La descrizione presa dall'opera più conosciuta del Manzoni ha del vero. Infatti, insieme al cugino, Federico è stato uno dei più grandi riformatori della cultura nel nord Italia (basti pensare che nel colosso di Arona, San Carlo è rappresentato con un libro in mano).

Il suo impegno nella divulgazione della cultura lo portò ad aprire nel 1607 la Veneranda Biblioteca Ambrosiana, come anche ricorda il Manzoni nel XXII capitolo della sua opera, dove possiamo leggere che

> *questa biblioteca ambrosiana che Federigo ideò con sì animosa lautezza ed eresse, con tanto dispendio, dai fondamenti.*

È bello pensare che, oggi, la celeberrima *Canestra di Frutta* che decretò l'avvio della carriera di Michelangelo Merisi si trova proprio all'Ambrosiana, casa di quel Federigo Borromeo che la acquistò durante un suo soggiorno romano presso il palazzo del Cardinal Del Monte.

Il primo documento che attesta la proprietà del quadro da parte del Borromeo risale al 17 settembre 1607:

Un quadro di lunghezza un braccio, et di tre quarti all'incirca di altezza, dove in campo bianco è dipinto un Canestro di frutti parte ne rami con lor foglie, et parte spiccati da essi
fra questi vi sono due grappoli d'uva, uno di bianca et l'altro di nera, fichi, mele, et altri di mano di Michele Agnolo da Caravaggio.

Il legame che esiste tra i due alti prelati milanesi e il pittore loro conterraneo è molto stretto e implica non solo l'aspetto storico e personale ma anche, e soprattutto, la formazione culturale.

Scena IV:
Scandalo!

Una volta, sempre nell'epoca in cui Caravaggio calcava le scene del palcoscenico artistico insieme ai Carracci, Guido Reni, il Domenichino e il Guercino un tal famoso Giambattista Marino scrisse

È del poeta il fin la maraviglia
(parlo de l'eccellente e non del goffo):
chi non sa far stupir, vada alla striglia!

Marino aveva già capito che la Poesia (ed in generale possiamo estendere tutto il discorso anche all'Arte) non necessariamente debba dedicarsi alla Bellezza, concetto tanto volubile quanto poco definibile ma debba stupire e meravigliare.

Lo stupore deve passare attraverso la ricercatezza e la bellezza delle forme, la tecnica raffinata e l'armonia delle forme. Il *goffo* è difficile che susciti stupore, è più facile che sia origine di critica e di conferma della mancanza di una seppur minima tecnica acquista.

Tolti i maldestri tentativi di creare Arte, che solitamente sono realizzati da neofiti o da personaggi impreparati ed improvvisati, rimane la *maraviglia*; prima di continuare lasciamo che il dizionario Treccani ci aiuti con la definizione di questa affascinante parola:

Sentimento vivo e improvviso di ammirazione, di sorpresa, che si prova nel vedere, udire, conoscere cosa che sia o appaia nuova, straordinaria, strana o comunque inaspettata.

Nonostante nell'immaginario comune, il concetto di meraviglia abbia un valore positivo, la definizione del dizionario non dà troppe indicazioni precise in merito, si precisa che questo sentimento nasce da cose straordinarie, strane e inaspettate.

Ciò che è strano, sempre da definizione del dizionario Treccani, è *diverso dal solito o dal comune, dal normale, molto singolare, tale quindi da destare meraviglia, stupore, curiosità*

mentre se l'aggettivo è riferito ad una persona:

riferito a persona, che ha un carattere, un modo di pensare e di sentire e in genere un comportamento diverso da quello della maggior parte degli uomini; detto spec. di chi è piuttosto chiuso in sé, portato più a pensare e a fantasticare che a parlare.

Che Caravaggio fosse una persona strana e che si dedicasse alla creazione di opere strane è indubbio. Il nostro Michelangelo Merisi è un artista che ha saputo (e sa ancora oggi) creare la *maraviglia* con le sue opere.

Il tema dello stupore e della meraviglia ci porta davanti ad un problema annoso che turba le notti insonni dei critici e dei fruitori dell'Arte: quali sono i limiti che si devono rispettare nella ricerca dello stupore?

Prima di addentrarci nel discorso è bene far un attimo di chiarezza tra due aspetti troppo spesso confusi in ambito artistico (e a ben riflettere anche nella vita): *l'etica* e la *morale*.

Ampliamo un discorso che abbiamo già toccato qualche capitolo addietro.

L'etica è una vera e propria dottrina che indaga il comportamento pratico dell'uomo di fronte ai due concetti base dell'esistenza che sono il bene e il male. L'origine greca della parola ci porta i significati di "comportamento", "carattere" e "costume".

La morale, invece, è una scelta libera dell'individuo o della collettività riguardo al proprio comportamento. Le scelte morali solitamente hanno origine prevalentemente dalla realtà sociale e politica, ovviamente si rifanno anche all'insieme delle tradizioni proprie dell'individuo o della società di cui fa parte.

Mentre l'etica ha un valore più universale e sopravvive al tempo e ai cambiamenti delle società e delle tradizioni, la morale può variare con il cambiare della realtà sociale e delle idee politiche.

L'etica non richiede un vero e proprio sforzo di comprensione, proprio perché è un valore che non è soggetto alla variazione; invece, per capire la morale è necessario conoscere la realtà sociale e politica e di conseguenza si deve compiere uno sforzo per allontanarci dalla nostra morale attuale per abbracciare (anche se momentaneamente) quella dell'epoca che ha destato il nostro interesse.

Ora, grazie a questo seppur minimo e superficiale chiarimento riguardo a questi due aspetti importanti della vita e conoscenza umana, accantoniamo il tutto e dimentichiamoci di etica e morali varie. L'Arte non dovrebbe essere interessata e imbrigliata da nulla di tutto ciò, e Caravaggio non si è lasciato facilmente imbrigliare.

La meraviglia passa anche attraverso lo scandalo. Abbiamo già visto come Caravaggio si divertisse nel dare scandalo con la scelta di modelle e ambientazioni.

Oggi come allora l'Arte è sempre impegnata nella ricerca dello scandalo. Per dirla in tutta sincerità, l'Arte deve dar scandalo per permetterci di ragionare fuori dai luoghi comuni e, ancor più importante ed essenziale, mettere in dubbio le nostre certezze.

Un'Arte etica e morale non può esistere, perché non sarebbe fedele alla sua più vera essenza e si trasformerebbe in mera propaganda. In un mondo utopico la morale dovrebbe interessare solo la politica e la società mentre la religione dovrebbe interessarsi solo all'etica; non viviamo in un'utopia purtroppo e spesso anche la religione si è dedicata alla morale.

Rispettare il politicamente corretto nell'Arte e il dover non contravvenire alle regole etiche e morali snatura a tal punto l'Arte da renderla *vetrinismo*: l'Arte sublime del presentare il proprio prodotto (che può anche essere un ideale) rendendolo una necessità per chi viene rapito dalla bellezza estetica della vetrina preparata apposta per ghermire la nostra attenzione.

L'Arte può dedicarsi allo scandalo per poter offrire uno spunto diverso di pensiero ma anche per puro e semplice divertimento.

Quanto è bello a volte creare reazioni di stupore negli altri e vedere le conseguenze del nostro essere provocatori. Non tanto per il disagio che si può notare nei nostri interlocutori ma per la possibilità che si scatena (a volte) di poter discutere e ampliare la propria visione.

Agli artisti dovrebbe essere garantita una zona franca in cui è loro permesso tutto, senza restrizioni o limitazioni. Non dovrebbero esistere giudizi o censure per aver leso il decoro di qualche ideologia o per metterne in evidenza i lati più deboli.

Ciò che invece dovrebbe essere severamente punito, senza ombra di dubbio, è il comportamento sociale che incita alla violenza (verbale e fisica) così come la mancanza di rispetto delle idee altrui.

All'Arte non possiamo chiedere di farsi carico di un compito didattico o formativo. Non spetta a lei formare le persone, né tanto meno offrire un canale per accedere alla cultura. Quello che l'Arte deve fare, invece, è stimolare il pensiero e la sensibilità del pubblico.

Tutti i poteri forti e costituiti (da quelli politici a quelli religiosi) hanno sfruttato il potere evocativo dell'Arte, rendendola il canale privilegiato della propaganda e dell'indottrinamento. Per troppo tempo abbiamo chiesto all'Arte di raccontarci delle storie, quando invece avremmo dovuto chiederle di aiutarci a riflettere e pensare.

In tempi più remoti, il coinvolgimento dell'Arte è servito anche a superare i limiti che si creavano a causa dell'alto livello di analfabetismo. Oggi però, nonostante l'analfabetismo di ritorno sia altissimo e decisamente preoccupante, l'Arte dovrebbe essere libera da questo impegno sociale (che a volte è anche un puro e semplice pretesto) e dedicarsi alla sua vera missione: vedere oltre.

Oggi, ancora troppo spesso, ci capita di assistere ad incresciosi episodi di censura. Vietare un'espressione artistica perché irriverente è un vero e proprio crimine.

Anche Michelangelo Merisi non ha voluto piegarsi completamente a questa tendenza perbenistica che vorrebbe un'Arte più educata e meno scandalosa. Abbiamo avuto modo di vedere opere e leggere poesie nate dal suo genio che erano decisamente oltraggiose; oggi però, forse a causa della sempre maggior distanza temporale, siamo meno intransigenti nei suoi confronti. I suoi contemporanei erano, però, molto disturbati dalle sue provocazioni, tanto da arrivare a ritirare delle opere e a rifiutarle. Oggi, i volti delle prostitute per noi sono diventati semplici volti di donne e non viviamo più l'oltraggio. Eppure, immaginiamo la *maraviglia* dell'epoca nel dover confrontarsi con queste scelte dell'artista.

Gridare allo scandalo è la via più breve e facile per non mettersi in discussione. Una delle tante frasi attribuite a Oscar Wilde (sperando che sia davvero sua) dice:

Il pettegolezzo è delizioso! La storia è soltanto pettegolezzo. Ma lo scandalo è un pettegolezzo reso noioso dalla morale.

È con cognizione di causa che si può tranquillamente sperare nel prolificare degli scandali nell'Arte; il modo più intenso e diretto perché si possa rimanere colpiti, riflettere e magari si riesca a trovare conforto e soluzione tra i molti dubbi che ci possono assillare nella vita quotidiana.

Scena V:
La gallina dalle uova d'oro

Come abbiamo avuto modo di vedere precedentemente, Michelangelo Merisi non ha mai voluto aprire una propria scuola né tanto meno circondarsi di allievi.
  Bernard Berenson è stato un importante critico d'arte americano e più di ogni altro ha dichiarato con grande chiarezza che

> con l'eccezione di Michelangelo[2], nessun altro pittore italiano ha esercitato una così grande influenza sui pittori posteriori.

Un aspetto importante è quello dell'influenza che ha portato molti artisti a seguire le orme di Caravaggio, come abbiamo visto sono numerosi i pittori che hanno preso spunto dalla sua tecnica pittorica, sviluppando a loro volta un percorso e un linguaggio artistico.

Purtroppo, la fama del maestro lombardo ha raggiunto un così alto gradimento di pubblico da diventare molto richiesto sul mercato. Anche la produzione artistica più celere non poteva soddisfare tutte le richieste del grande pubblico e quando questo accade solitamente ci si rivolge alle copie, che hanno un valore commerciale minore e sono disponibili in più esemplari. Oggi si ricorrerebbe alle litografie e alle stampe (di ottima fattura o dozzinali che siano), all'epoca di Caravaggio ad andare per la maggiore erano i bravi falsari d'autore (economici ma di grande effetto).

Caravaggio è sempre stato molto rigido nei confronti dei suoi colleghi pittori:

> *Li valent'huomini sono quelli che si intendono della pittura et giudicaranno buoni pittori quelli che ho giudicato io buoni et cattivi; ma quelli che sono cattivi*

---

[2] Berenson ovviamente si riferisce a Michelangelo Merisi.

> *pittori et ignoranti giudicaranno per buoni pittori gl'ignoranti come sono loro.*

Bisognerebbe ora capire quali siano stati i canoni per giudicare positivamente o negativamente gli altri pittori e anche in questo caso possiamo basarci ancora una volta sulle parole del maestro meneghino:

> *La parola valent'huomo appresso di me vuol dire che sappi far bene, cioè sappi far bene dell'arte sua, così in pittura valent'huomo che sappi dipingere bene et imitar bene le cose naturali.*

È facile capire le parole del Merisi: chi fa Arte prendendo come modello la Natura è bravo, chi usa altro (le opere di altri pittori, per esempio) non lo è.

E qui verrebbe da chiedersi: tutti coloro che hanno creato la propria carriera realizzando copie di opere già esistenti come verrebbero considerati da Caravaggio?

Se consideriamo che l'artista è colui che deve creare una frattura nello svolgersi della Storia (dovrebbe essere come quelle masse enormemente pesanti dell'universo che riescono a far deviare il percorso di qualsiasi energia ed oggetto passi loro vicino), possiamo capire abbastanza facilmente quale sia la responsabilità del vero artista e quanto valga il suo lavoro.

Spesso, però, chi si presenta come artista altro non è che una persona senza "arte né parte", come direbbe la sapienza popolare.

Se l'Arte è una delle più sublimi espressioni del genere umano, limitarsi a copiare le opere altrui non dovrebbe mai essere considerato "fare arte". Questo vale, ovviamente, per tutte le espressioni artistiche; ci si può lasciare ispirare, si può anche rivisitare un quadro, una canzone o una statua ma limitarsi a copiare senza mettere del proprio è svilente.

A onor del vero, l'Arte di Caravaggio è un invito a copiare e ad adagiarsi sulle sue idee, perché oggi (più che mai, a dire il vero) vende molto bene.

Finalmente siamo pronti per capire la sua poetica e la sua estetica e tutto ciò che viene presentato sotto la sua egida è molto apprezzato.

Per molti Michelangelo Merisi rappresenta un ingresso facile nel mercato artistico, a volte basta semplicemente copiare un suo dipinto per essere considerati artisti.

Ma come sappiamo, un artista dovrebbe brillare di luce propria, non di quella riflessa. Questo continuo *revival* senza carattere, se proprio dobbiamo essere sinceri, è anche colpa di un pubblico che vuole rimanere nella zona di conforto del già visto e del già compreso. Sappiamo benissimo che le novità non sono solo difficili da capire ma a volte non si ha la giusta apertura mentale per capirle; almeno non subito.

Sarebbe davvero curioso sapere cosa penserebbe Caravaggio di tutti quei "copiatori seriali" che sono presenti sul mercato. Conoscendo il suo pensiero e il linguaggio colorito che usava in questi casi, credo ci si sarebbe divertiti, e non poco.

Oggi il suo marchio vende, ma questa è una situazione che si registra relativamente da poco tempo rispetto a quello che davvero si sarebbe meritato.

Un augurio è quello di vedere fiorire questo cammino tracciato dal grande maestro milanese ma in modo intelligente. Tutti noi conosciamo il vecchio adagio popolare secondo il quale si deve sempre tentare di superare il maestro; purtroppo dobbiamo essere sinceri e non nasconderci che questa è la prerogativa solo di quegli allievi che hanno un valore notevole; i mediocri si limitano a copiare.

Oggi le Arti sono di fronte ad un bivio: la nostalgia fine a sé stessa o il superamento nostalgico? Chi ha scarse doti e capacità si limita ad un copiare nostalgico del passato che all'inizio di una carriera può portare anche un certo beneficio economico (dal momento che si è giudicati da un pubblico che ha sempre bisogno di essere rassicurato con la nostalgia del passato) ma poi fa cadere inesorabilmente nel baratro dell'oblio. È quello che è capitato a chi ha copiato nel passato e, purtroppo per loro, capiterà a tutti i copiatori seriali di oggi.

Chi, invece, intraprende un percorso di ricerca approfondita degli artisti del passato, può raccogliere a piene mani l'estetica e i semi di idee lasciati dai grandi maestri del passato, che offrono nuova linfa alla vita dell'Arte.

Ovviamente, inventare dal nulla nel mondo dell'Arte è alquanto impossibile, ogni espressione e ogni vera opera si basano sull'uomo e sulla Storia ed esprimono dubbi, gioie e dolori del tempo che si sta vivendo. Oggi le Arti stanno tornando alle linee classiche, virtuose e belle ma non sono algide e perfette come le voleva Canova.

La nuova Arte è fatta di sangue e di carne. Vediamo sempre più spesso opere realizzate con tecniche sublimi impregnate di forti emozioni.

Caravaggio è stato un precursore di questo modo di fare Arte e, oggi, non solo ne stiamo raccogliendo i copiosi frutti ma stiamo assistendo ad una nuova evoluzione del linguaggio artistico, che promette grandi emozioni forti e contrastanti.

Finalmente, Caravaggio sta vivendo tra i suoi contemporanei e sta dialogando con artisti che lo possono capire.

Qualcuno si beccherà qualche rimprovero bello colorito, perché si limiterà a sfruttare il buon nome di Michelangelo Merisi per fare soldi e crearsi un nome senza dover essere troppo innovativo, qualcun altro invece riceverà dei complimenti e verrà ricordato per il nuovo linguaggio che ha preso avvio da uno dei più grandi maestri che la Storia dell'Arte italiana abbia mai avuto.

Per essere un vero artista è indispensabile essere sinceri con sé stessi, mettersi a nudo nella propria opera e offrire al mondo la propria visione della realtà, niente di più complicato.

SIPARIO

PROSCENIO **5**
ATTO PRIMO **7**
   Scena I: Signore e signori, a voi il regista 9
   Scena II: Il mistero di un nome 13
   Scena III: Un artista di carattere 19
   Scena IV: Ai margini del centro della società 27
   Scena V: Una lunga scia di violenza 33
   Scena VI: Una vita in fuga 43
   Scena VII: La direzione teatrale 47
   Scena VIII: L'imbrattatele 55
   Scena IX: Morto che cammina! 63
   Scena X: Come Oscar 77
ATTO SECONDO **83**
   Scena I: La luce creatrice 85
   Scena II: Nero magistrale 91
   Scena III: I pezzenti 97
   Scena IV: Quella Vergine che tutti conoscevano 103
   Scena V: Un po' di gossip 111
   Scena VI: La quadratura del cerchio 119
   Scena VII: L'influenza del Potere 125
   Scena VIII: L'ordine di Caravaggio 131
DIETRO LE QUINTE **143**
   Scena I: Il designer 145
   Scena II: L'Arte dei capricci 151
   Scena III: L'influenza del Borromeo 157
   Scena IV: Scandalo! 165
   Scena V: La gallina dalle uova d'oro 173

www.ingramcontent.com/pod-product-compliance
Lightning Source LLC
Chambersburg PA
CBHW030632220526
45463CB00004B/1494